安住於清淨自性中

Mind in Comfort and Ease

達賴喇嘛◎著
索甲仁波切◎序
陳琴富◎譯

目錄

讚頌

楚璽仁波切作

唵　唆諦！

無始劫所累積福慧因，
汝已證得十力無畏果，
圓滿德相今世大導師，
悉達多已成就一切願，
賜予吾等福德諸善法！

阿彌陀心放出五色光，
天竺湖中蓮花頂化身，
汝爲雪鄉第二佛陀尊，
三世怙主蓮花生大士！

無量諸佛慈悲之化現，
捨卻報身白蓮持有者，
化身紅袍比丘庇世間。
丹增嘉措榮耀之怙主，
吾等至心虔敬齊頂禮！

回應法國列繞法林本覺會之請爲本書作序，這是來自尼泊爾的札榮櫢杜楚璽噶旺確吉羅卓所寫並提供的。寫於藏曆二一三三火狗年四月二十六日（二〇〇六年六月二十一日）。

前言

達賴喇嘛是當代最偉大的心靈導師之一。他把整個生命奉獻於增進人類的福祉，將近四十年，他周遊世界各國，與世人分享其人性價值、寰宇責任和慈悲的訊息。經過時間的檢證，證明這是一個日漸中肯而且重要的訊息。達賴喇嘛所展示的，以及這麼多人報以開朗和喜悅的，是利他主義和關懷別人，這是生命的眞正意義，藉著修行並以慈悲轉化自心，我們可以成爲更善良的人，我們可以尊敬和慈愛他人，並找到喜樂與平靜。在這個動亂而暴力的世界，達賴喇嘛以他的誠摯和慈悲，對無數的人而言無疑是一個平和寧靜的中心。

達賴喇嘛第一次出訪西方是在一九七三年九月。他在梵蒂岡與教宗保祿六世會面，在歡迎詞中，教宗宣稱達賴喇嘛的到訪將「促進不同宗教信徒間的互愛與尊重」。我永遠無法忘懷那一刻，當時我有幸跟隨達賴喇嘛並協助安排那次的訪問行程。當我們歡迎他踏上歐洲的土地時，當時都無法想像到，今天他對世界會造成這麼大的衝擊和影響。那個時候，他所散發的訊息是寰宇責任、仁慈、善心，而且他不厭倦的繼續深化與弘揚這些訊息，在我們這個變動不居的多元社會中演說。達賴喇嘛的遠見，也就是諾貝爾和平獎委員會稱爲「和平的哲學」，涵蓋了整個人類事件的劇場，包括宗教間的互相體諒、和平與衝突、環境保護、人權、經濟平等、教育和科學。我總覺得他深深關切這些議題，用一個佛教徒的形象作比喻，他的慈悲與智慧就像是烈日之光照耀。他的遠見及成就的領域令人驚訝，你只要看一看他所訪問的國家名單、他所達到的數目，以及他單純接觸過的人數。就分享他對於人性基本價值的重要性、促進宗教間的理解與和諧，以及提升西藏的人權和自由方面，達賴喇嘛傾向於謙虛地進行他的國際活動。就達賴喇嘛的整體成就而言，我覺得他是舉世無與倫比的。

其中一個面向，達賴喇嘛扮演著獨一無二且重要角色的，就是佛教在西方世界的發展。他親自採取非常積極的行動，以確保佛法的研究與實修能夠眞正在西方弘揚，就如同在東方一樣。他不斷承諾要在不同的國家弘法，且已經證實了對佛弟子而言，這是一個源源不絕的鼓舞和啓發。他是一個大師，他的教法和證量就如同過去的大班智達一樣，同時他的智慧和經驗亦使得佛法能與現代生活結合，以一種有說服力的方式，立即且可以接受。他與科學界精采而影響深遠的對話，已經明確展示佛法的深奧和力量，以及其貢獻。而他也已經開啓了一條佛教內部間，以及佛教與其他宗教傳統間眞正互動與開放的道路。如果二十年來，佛教獲得舉世普遍的尊敬和認可，應該要歸功於他的領導和典範。沒有他，佛教世界將會完全不一樣。

二○○○年九月，達賴喇嘛訪問我們的國際閉關中心——法國南部的列繞法林（Lerab Ling），並給予「道次第」的主要法教。我們請求他教授最初到最究竟的修行道次第，也就是大圓滿，以其精要和相關的重點，爲現代人完整的心靈之道提供一個藍圖。以他的學問、他對不同教派的嫻熟，以及他接受和理解現代社會的能力，我們知道他是唯一能給予這種佛法修證的大要的人。

我非常清楚的記得達賴喇嘛來訪整整十天的過程。這是他首次來到列繞法林，而且他爲了多花一點時間在鄉間的環境安靜的修閉關前行，提早一天抵達。他稍後告訴我們：「我發現這裡是令人愉悅的地方，隱蔽、美麗、充滿加持力，還有保存良好的自然環境……」現在是千禧年，也是達賴喇嘛坐床六十週年，以及登基五十週年，他十五歲時就統領西藏。爲了慶祝這麼重要的紀念日，我邀請達賴喇嘛的寺院尊勝寺（Namgyal Dratsang）裡三十位最資深的喇嘛來到列繞法林，請他們指導金剛乘特殊的修法，普巴金剛長軌大法會（drupchen）和甘露法會（mendrup），普巴本尊是諸佛覺行事業的化現。該法在西藏和印度達蘭莎拉以外從來不曾傳過。這個特別的修法叫做《利刃精藏》金剛橛伏藏（Phurba Yang Nying Pudri），是蓮花生大士所隱藏，由伏藏師索甲列繞林巴（Tertön Sogyal Lerab Lingpa）發掘，他將該法完整儀軌傳授給十三世達賴喇嘛，並依伏藏諭示委託他做爲持有者。這個修法的意義，如達賴喇嘛所解釋，在於它與達賴喇嘛的福祉、西藏的未來，以及藏傳佛教的昌盛有特殊關聯。

達賴喇嘛在兩週的長軌大法會最後一天抵達並主持法會，包括修法的接受加持以及賜予大量的甘露。次日，他在列繞法林中心搭建的帳篷下，針對一千四百名信眾，傳授《利刃精藏》的普巴金剛灌頂。在那一刻，對這個猛利的法，我不由自主地感到無比的希望和虔敬，在達賴喇嘛尊者的主持以及尊勝寺喇嘛們完美的執行下，的確產生了一個效果，能使達賴喇嘛長壽、他的事業長流、西藏問題得到解決、藏傳佛教在西方弘揚。法會期間出現一些吉祥的徵兆，達賴喇嘛也證實了其殊勝。

很難得的是，嘉傑楚璽仁波切（Kyabjé Trulshik Rinpoche）也來到會場，他是藏傳佛教最傑出且備受敬重的大師之一。他是寧瑪派一個戒律傳承的持有者，是我的上師蔣揚欽哲確吉羅卓的弟子，也是敦珠仁波切、頂果欽哲仁波切的心子。許多年來，他已經傳給達賴喇嘛一些寧瑪和大圓滿傳承的稀有教法。在達賴喇嘛抵達列繞法林不久，他就拜訪楚璽仁波切幾次，從楚璽仁波切處領受了大圓滿法大師龍欽巴尊者的《三休息論》。我還記得楚璽仁波切非常吉祥的獻給達賴喇嘛一張岡日托噶（Gangri Thökar）的照片，那是龍欽巴在西藏隱居完成巨著的地方。我獻給他一尊龍欽巴的雕像，這曾經受到頂果欽哲仁波切和紐修堪布的崇敬，這兩位正是當代大圓滿教法最重要的詮釋者。達賴喇嘛似乎同時決定要傳授龍欽巴尊者的《大圓滿禪定休息論》，這是《三休息論》中的一支，作爲他五天傳授教法的重要主題。

超過一萬人參加達賴喇嘛的法會，有遠從澳洲和美國來的共二十一個國家的信眾。有超過上百位喇嘛和格西，許多人驚訝於達賴喇嘛選擇如此深奧的教法開示。所有人都爲他深邃的、中肯的、易接受的開示所感動。有些人說這是他們此生聽到達賴喇嘛開示中最殊勝的。達賴喇嘛以一種完全忠於原著而永遠可信的態度，在開示整個佛道、尤其是針對大圓滿大師們的口訣教示時，帶給我們一種他個人實證的體悟。他就像一個專精的珠寶匠，把大圓滿教法放在整個藏傳佛教其他教法中，凸顯它們的相同性，而它們的共同目標都是要了悟心的清淨光明本質；這樣做，他似乎繼續著過去在西方傳授大圓滿開示的主題。在法會期間，達賴喇嘛還授與五世達賴淨相的「蓮師八變」灌頂。在我們的請求下，他曾於一九八二年在巴黎、一九八九年在加州聖荷西傳過這個法。因爲蓮花生大士經常是加持平靜與轉化的有力來源，這些殊勝的教法代表對於整個地區和法國的無量加持，也是對世界和平的迴向。

達賴喇嘛的偉大天賦之一，就是他有能力展示藏傳佛教不同教派修法的特色。在列繞法林時，他談到自己對於開放心胸、無偏見的利美精神之許諾，這也是我為本覺會不斷追求定位的工作：思及它是利美大師蔣揚欽哲確吉羅卓的一項遺產，以同樣的方式去實踐。在此同時，達賴喇嘛也給了我們珍貴的建議，也就是維持藏傳佛教完整性與眞實性的重要。「在列繞法林，」他說，「一個中心已經誕生了，注定要弘揚佛法，如同在西藏的發展一般，以一種忠實可信的態度而知名。値得注意的是，這是一個可信的藏傳佛教代表，可以在法國或其他地方作爲不同文化間交流的範例。我深信列繞法林已經在這方面做出了貢獻，而且會繼續下去，在越來越多的累積下，藏傳佛教的豐富文化將會成爲更重要的智識。」如同往常，達賴喇嘛的現身對所有人的內心都是一個難忘的衝擊，不論是修法的佛弟子、當地人民、政治人物、貴賓、侍衛、官員或是地方的憲警人員。如同過去經常發生的，達賴喇嘛的到來，使得該地區開啓了一扇贊同與接受佛教的門。

爲這本書作序，對我而言是極大的特權，同時也是無量的加持，因爲達賴喇嘛是我的主要上師之一；對所有西藏人而言，他是我們的領袖、我們的明燈、我們的鼓舞力量。二〇〇〇年九月間，達賴喇嘛所有珍貴的教法開示都包含在這本書裡，此書的出版是爲了紀念他二次來訪列繞法林以及寺院的開幕式。寺院起造的地點正是二〇〇〇年法會的所在，我確信是承蒙達賴喇嘛的加持，才會如此迅速而且順利。楚璽仁波切將此寺院命名爲蓮花光明寺（Palri Pema Ösel Dargyé Ling），與蓮花生大士的銅色山鄔金淨土蓮花光明宮殿一致。今年開始，我將在此處（列繞法林）帶領弟子進行爲期三年的閉關。

所有這些，包括寺院以及我的事業，都迴向給達賴喇嘛，祈願他健康長壽，實現他對西藏以及人類的願望，並促進佛法在西方弘揚。我祈願所有讀到這本書的人，達賴喇嘛教法的甘露都能夠灌注到他們的心續之流，啓發他們開展慈悲與智慧，導引他們無誤地邁向成佛的道路。

索甲仁波切

二〇〇六年七月六日於列繞法林

序

「可以告訴我們一些有關於您不凡命運的事蹟嗎？」二○○○年九月十七日早晨，達賴喇嘛抵達列繞法林，一名記者這樣問他。達賴喇嘛轉向他並說：「所有人都有一個不凡的命運！有些事帶給我們歡樂，有些事帶給我們悲傷，但這些起起伏伏只是我們生命的一部分。我認爲我們此生最重要的，就是做一些利他的事。我們最需要滋長的就是利他的態度，這是眞正能使得生命有意義的東西。認知到身爲達賴喇嘛的事實，讓我在不同的場合能夠行一點小善。這是我想要追尋的道路，也是我能力所及。」

在這簡短的話語中，達賴喇嘛緊抓慈悲與利他的訊息，這項使他聞名全球的特質，在二○○○年九月他拜訪法國南部郎格多克地區時，也扮演了重要的角色。這是達賴喇嘛第十七次拜訪法國，隨著之前的行程，有三件非常不同的事件發生並展現了他的慈悲事業。第一件事是一九九九年出版了《新千禧年倫理》（*Ethics for a New Millennium*），達賴喇嘛把佛法修行六十年的經驗，粹練成一種非宗教的心靈成長，是對個人及社會的見地，植基於調伏自心。他提倡心靈與倫理的革命。「革除自我習氣的重新定位，與我們關心的人共同邁向更寬闊的社會。」《新千禧年倫理》是一本人類生存的手冊，祈求有步驟、嚴格的付諸行動，轉化成實際的訓練和教育計畫。

第二件事是二〇〇〇年三月，達賴喇嘛與一群神經系統科學家、心理學家、哲學家，以及在達蘭莎拉的佛教修行者舉行會議，這是由「心靈與生命學會」主辦的第八場系列研討會。這幾場首創性的會議，已經把從未有過的宗教與科學間最深奧、最重要的合作建立了起來。二〇〇〇年的對話，是探究禪修的效果和運用，研究破壞性情緒及其影響深遠的積極特質。第二年就在美國威斯康辛州的麥迪遜進行實驗，研究禪修對於腦功能的影響，由一些資深的藏傳佛教修行者受測，不僅受到世界媒體的注意，也受到權威科學期刊的矚目。許多人開始了解到，如果佛教調伏心性的禪修技巧，其普遍的價值被更廣泛的認識，它的影響將更深遠。二〇〇〇年會議的動力持續著，二〇〇五年達賴喇嘛在華府應邀為神經系統科學會演講，第二年出版了《相對世界的美麗：達賴喇嘛的科學智慧》（*The Universe in a Single Atom: The Convergence of Science and Spirituality*），其中他描述這個科學與心靈的相遇，「在幫助人類面對當前的挑戰方面，將有深遠的潛在影響。」

最後，達賴喇嘛在二〇〇〇年初夏訪問波蘭、德國、挪威、丹麥和瑞典之後，於九月間抵達法國前訪問了美國，他在華府參加了盛大的民謠慶典「雪域外的西藏文化節」。七月二日，他在華盛頓紀念碑前廣場對一萬五千人的公開演講上，對內在價值、基本人性、關愛他人做了強力呼籲：「在當代，我發現提升基本的人性價值格外重要。否則到將來，物質發展將會成爲我們唯一的目標，而內在價值將會被忽視。那時，人類將面臨更多的難題。」但在場大多數人會記得的是，達賴喇嘛對於富裕國家所製造的環境破壞，以及那些努力複製美式生活型態的消費方式，採取毫不妥協的態度。他警告，長遠來看，這將會造成全球經濟和社會不平等的危機，同時也明白談到華府的貧窮。在一波熱烈掌聲之下，他說：「這是國家的首府，在這個舉世最富有的國家，在社會的某些地區仍然有人非常非常貧窮，這不只是道德上的錯誤，也是事實上的錯誤。我們必須拉近貧富之間的差距。」

一個使得世界更健全和平的革命性原則，一個科學與心靈的首次合作，以及一個深沉而坦率地對人類和地球關切的直言，這些達賴喇嘛對世界慈悲的範例，都與他二〇〇〇年訪法之旅的背景有關。

教法的背景

一九九一年初，達賴喇嘛開始在法國的藏傳佛教中心做有系統的佛法開示，二〇〇〇年輪到里昂灣區的中心，靠近法國南部的蒙比利埃。安排達賴喇嘛教法的榮耀落在列繞法林頭上，這是本覺會主要的國際中心，由索甲仁波切所創設，現在是他的工作重心。由頂果欽哲仁波切選定並加持，一九九一年由多竹千仁波切開光，從一九九二年以後，列繞法林便成爲本覺會夏季閉關的場所。此後，許多著名的藏傳佛教大師都被邀請來傳法，而閉關也毫無間斷的舉行。在法國南部古代歐舒丹（Occitan）方言裡，這個場所當初命名的意思是「泉水之地」，有林木茂盛的斜坡、溪流，草地平鋪在無邊的拉爾紮克高地邊緣，大部分都屬於國家公園。

二〇〇〇年九月，尊勝寺的喇嘛們在堪楚仁波切和住持賈寶仁波切的率領下到列繞法林，指導爲期兩週的普巴金剛法會共修，這是索甲仁波切前世列繞林巴的伏藏。達賴喇嘛抵達後，在時間的安排上，趕得上主持到最後一天法會結束，並在次日授與此法灌頂。楚璽仁波切也蒞臨，達賴喇嘛從他身上得到《三休息論》的傳法，這是大圓滿大師龍欽巴（一三〇八～六四）的重要著作。這就是他選擇《三休息論》中的《大圓滿禪定休息論》作爲傳法的背景。

大圓滿教法是藏傳佛教寧瑪巴或古譯學派珍藏在心中的寶藏，可以回溯到第八、九世紀，當蓮花生大士、赤松德貞國王、以及大堪布教授寂護將佛教傳入西藏的時代。大圓滿的起源可以上溯本初佛普賢王如來，從他開始有一個鮮活的智慧遺產，由上師傳給弟子，形成一個不間斷的傳承直到今天。大圓滿被描述為「本初的狀態，是諸佛和一切心靈之道的本心，處於完全覺醒的狀態，是個人心靈進化的顛峰」。大圓滿被視為所有教法的頂峰，也以特別清淨、有效，而且也與現代世界以及今天人類的需求相呼應而知名。

達賴喇嘛把這個教法分成兩個部分。首先，他介紹佛法的基本原則；其次，他展示如何將這個教法帶入心中並實修，他解釋了《大圓滿禪定休息論》的根本內容，同時也給了原著內容的口傳。

在選擇講授龍欽巴教法的內容時，達賴喇嘛回歸到古寧瑪傳統及其大圓滿法的核心。「全知的」龍欽饒降巴（龍欽巴）是西藏了悟大師中最偉大的學者，他集結並綜合所有西藏大圓滿的傳統，寫成了《七寶藏論》、《三休息論》、《三自在解脫》、《三種心要》。達賴喇嘛經常述及偉大的大圓滿大師巴楚仁波切（一八〇八～八七）的法教，巴楚仁波切這樣寫龍欽巴：

這位遍知的尊者，在他最卓越的著作中，展示了世尊的所有教法。

印度或西藏從來沒有一位智慧大師給這個世界留下這樣的遺產。

紐修堪布（一九三二～九九）是龍欽巴的權威，他的許多弟子視他為龍欽巴的化身，在他的著作中寫到：「龍欽巴出現世間是本初佛普賢王如來示現的第二佛，以獅子吼弘揚大圓滿的三個範疇……，他的著作和世尊的法語不可分別，並構成不可思議的秘密身。只要讀誦即可得到智慧成就，那就是在我們心中生起實相的本質。」

龍欽巴在拉薩南方岡日托噶隱居的地方歐燕宗（Orgyen Dzong）寫成了《三休息論》，也在此處傳法並寫成《七寶藏論》等著作。在他的著作目錄中，他把它們分成外、內、密三部分，《三休息論》是放在密部。在更進一層的闡述中，他說：「為了說明大圓滿道連同它的果，是與其他所有的乘一致而且一體的，如此我們可以了知這些乘的根本義理：它們只是方便的預備道，以便導引至大圓滿道。」

紐修堪布集結龍欽巴的大圓滿著作為三組：

第一組是描繪廣闊的、精深的、淵博的探究，主要有《七寶藏論》、《三自在解脫》。這一組也包括論述像是龍欽巴對密續的總體觀點《密宗總論——大梵天雷音》，這是他著作中有關「心部」的部分。至於有關「界部」部分，在他浩瀚的學術論著中包括短論《無邊虛空》，也連同註釋。

第二組是有關深奧的古薩里（kusuli）研究，那是大圓滿瑜伽最新的研究。這一類組包括龍欽巴揭示的三輪「心髓」：《上師心髓》、《空行心髓》、《甚深心髓》。這些教法是爲那些流浪的瑜伽士或在閉關中生活方式非常簡樸的人所設計的。

第三組包含了廣闊、學術的探究，以及深奧、瑜伽的實修。這些是龍欽巴有關道次第的教法。最有名的著作就是《三休息論》，包括《心性休息論》、《禪定休息論》、《虛幻休息論》。

龍欽巴在《三休息論》中解說它們的次第：

一開始，當我們步上大圓滿道，很重要的是我們應該對法建立正確的基礎，這就是爲什麽在《心性休息論》第十三章中對離於兩邊的「見」做了詳細的解釋，因爲在往後要尋找解脫與有利條件並不容易。同時，它也解釋了有關果的道次第。

一旦我們了解了根，就能夠進入「修」道的地步，因此在《禪定休息論》第四章中對於修行的處所、個人適合禪修的方法、禪修的技巧、可以成就的專注形態等等，作逐步的解說。

修行此道時，很重要的是教導不執著以及對法的不黏著。如此，以此論點，在《虛幻休息論》第八章中對於「行」有一個清晰而明確的解說。這些篇章展示，如何徹底而無誤的與諸法連結、如何體驗八種如幻的譬喻。①

達賴喇嘛在西方講授大圓滿法，以及一九八九年在加州聖荷西講《法界寶藏》②部分篇章時，經常引述龍欽巴的著作。他在二〇〇〇年十二月應第七世佐欽仁波切的邀請拜訪南印度的大圓滿寺時，也傳授了《心性休息論》和《禪定休息論》。

法教的次第

達賴喇嘛五天的傳法，法會名爲「覺悟之道」，在靠近列繞法林附近一個名叫雷瑞噶的地方舉行。一個巨大的法會帳篷豎立著，四周圍繞著小帳篷，有供應餐廳、資訊、出版、本覺會史的展示、服務中心、新聞中心等。有超過一萬名的信眾，其中百分之七十來自法國，其他百分之三十來自二十一個國家。超過一百位喇嘛和格西來自尊勝寺、果芒寺、噶陀寺，也有兩百多位西方的僧侶參加，還有一百多位達賴喇嘛與西藏的朋友。附近村莊的兩百位居民也被邀請來參加一天的法會。索甲仁波切代表出席者對達賴喇嘛致歡迎詞：

在法國此地，我們知道您將感覺如家一般溫暖，而且看到這麼多朋友。法國是一個曾經深受佛法以及其療癒訊息所薰陶的地方，因此能張開雙臂擁抱西藏和藏胞……人們

①《虛幻休息論》，頁二二三至二二四。八種如幻的譬喻如下：如夢、如幻、如空華、如陽焰、如水月、如谷響、如乾闥婆城、如幻影。

②參看達賴喇嘛《大圓滿》（*Dzogchen, the Heart Essence of the Great Perfection*. Snow Lion, 2001）。

從世界各地聚集於此，他們知道您是世界上最偉大的學者和佛教導師之一，因此他們了解從您這兒接受法教是此生稀有難得之盛事。這次傳法正值您登基六十週年，同時也是千禧年，我們感到欣喜。這似乎是在提醒我們，您對於世界、對人類及其未來的重要性。

達賴喇嘛以道歉開場，由於天氣的緣故，法會延遲開始。「今天早上第一天的法會，我們有點延遲了。」他宣布說：「這是因爲所有的狀況都來自於氣候，我很抱歉，雖然這不全是我的錯。你們似乎感到有些不舒適，我看來要舒適多了，然而這裡也不怎麼暖和。」事實上，前一天下午，一個破壞性的風暴襲擊法國南部海岸，造成蒙比利埃嚴重的水患和損害。狂風暴雨擊打著法會的小帳篷，主帳篷也淹水，該區大多成爲泥濘地。然而，信眾都熱切的想要趕往法會地點，以致法會延遲了，但也只延了一個小時。

達賴喇嘛接著進入法教，他談到不同宗教的共同目標，以及維持自己信仰和學習他人傳統的價值。他詳述了以下主題：個人的轉化，人類的知性和理性，利他與愛的重要性；談到心的力量，它能使人們得到眞正的快樂。他以易懂的方式向信眾熟練的介紹佛法的基本義理，時而穿插述說個人的注解或講一段軼事。他解說的主題是：四聖諦、因緣法則、二諦、空性、意識的本質、心與物質的連續、煩惱情緒、成佛。這些主題形成本書的第一部分：佛法的基本義理。

法會第三天，達賴喇嘛開始講述龍欽巴的《大圓滿禪定休息論》，這些教法形成本書的第二部分。他談到西藏的佛學家，以及寧瑪派的成就大師。接著他介紹了與其他乘比較後大圓滿的獨一特色，此一差異也分別出凡夫心識與純淨本覺，他引述偉大的五世達賴說法。

龍欽巴的《禪定休息論》分為三部分：修行的處所、成為具格的修行者、修行的方法。達賴喇嘛詳細的論述前兩部分，他談到出離心，跟隨具德上師，降伏與轉化煩惱情緒，正念與精進，無我、瞋恨、安忍、無常、死亡的不同見地。接著他談論第三部分，有四個主要的前行：(1)出離心，(2)慈悲心與菩提心，(3)淨觀，(4)上師瑜伽。

在與菩提心的前行法連結方面，第二天，達賴喇嘛傳授慈悲心與菩提心的教法，他漸次談到菩提心的價值和利益，直到他個人體驗的部分，他啜泣了片刻。接著他傳授菩薩戒，儀軌是根據無著菩薩的《菩薩地論》。師徒之間的問答中形成儀式的一部分。達賴喇嘛對信眾隨機幽默但眞實的回應，營造了一個愉悅而幽默的氣氛。為了菩薩戒儀式，達賴喇嘛的法座和桌子裝飾著黃色和白色的東京百合。在傳戒儀式最後，達賴喇嘛從法座上起身，向十方諸佛菩薩撒擲花朵，祈請每個人不要讓他們的願心平平庸庸，而是眞心誠意的祈求為度一切眾生而成佛。

當天下午，按照淨觀與上師瑜伽前行法，達賴喇嘛授與蓮師及其八變的灌頂，也就是五世達賴（一六一七～八二）「一切意成就心要」，一九八二年在巴黎應本覺會邀請，以及一九八九年在聖荷西傳授大圓滿法時，都給過這個灌頂。達賴喇嘛談到五世達賴和他的淨觀，名為「具淨相印」。蓮師八變在灌頂中現起的相如下：清淨無染的蓮花生大師、具足一切功德的貝瑪桑巴哇、精通一切知識的愛慧上師洛登秋色、能調伏三界的崇高蓮華王貝瑪嘉波、能去除黑暗的太陽王尼瑪歐色、調伏引人入邪的釋迦獅子、忿怒獅子吼桑給札卓、能滅妖伏魔的怖畏金剛多傑卓洛。二〇〇四年在達蘭莎拉，達賴喇嘛解釋遙喚祈請蓮師的重要性時，說到五世達賴從蓮花生大士處領受的獨特感召：

尊貴的蓮花生大士不僅具足一個偉大心靈導師應有的特質——智慧、慈悲與無限的能力，他也是擁有特殊能力的大師。西藏大部分偉大的歷史人物，不論是心靈上的還是世俗上的，都把自己置於蓮花生大士的慈悲保護之下，並接受他的加持。例如，偉大的五世達賴喇嘛很清楚的與蓮花生大士有非常特殊的關聯，十三世達賴喇嘛也一樣，非常明顯的與蓮花生大士有獨特的關聯。

灌頂之後，達賴喇嘛立即開始《大圓滿禪定休息論》第三部分正行：修行法門。他直接講授大圓滿、淨光、心的究竟本質、介紹高等二諦、認知淨光是無上瑜伽密續和大圓滿的甚深特色、闡明內觀和中觀見地。在這個接合點上，他引述龍欽饒降巴的《七寶藏論》，並提到第三世多竹千晉美天佩尼瑪（一八六五～一九二六）的教法。達賴喇嘛對他的著作，總是表達最深的敬意，在講授大圓滿法時，也都會引述他的教法。多竹千晉美天佩尼瑪是二十世紀初寧瑪傳承最偉大的上師之一，同時也是傳奇人物巴楚仁波切和蔣揚欽哲旺波的弟子。在形塑他自己對於無上瑜伽密續和大圓滿同樣深奧的理解上，達賴喇嘛寫道，「閱讀多竹千的著作，就好像他讚許一般的爲我摩頂，給我信心，讓我知道我的內觀不是虛妄的。」③

法會最後一天上午，楚璽仁波切帶領大家爲達賴喇嘛修長壽法。這是饒富意義的，因爲每年楚璽仁波切都會在尼泊爾的瑪拉迪卡山洞完成達賴喇嘛長壽閉關，那是蓮師證得無死虹光成就的所在。眞正的儀軌名爲「不死甘露莊嚴寶瓶」，是楚璽仁波切根據長壽佛法「不死之光」彙編而

③ 參看達賴喇嘛《慈悲與智見》（*Kindness, Clarity and Insight.* Snow Lion, 1984, pp.220-21; 2006, p.249），以及《大圓滿》（p.120）。

成，是北伏藏傳承被發掘出來的一個伏藏，其他的部分還包括哈尊南卡吉美的淨觀、敏林赤欽古美多傑的睡夢伏藏，以及五世達賴的具淨相印。達賴喇嘛選擇在這個時機，而且也是首次在西方講說，配合尊勝寺喇嘛們精細完美而優雅的演出，就如同在達蘭莎拉一般。這彰顯出兩個特色：展現楚璽仁波切和達賴喇嘛之間至深的關係與虔敬；也由於達賴喇嘛、楚璽仁波切、尊勝寺喇嘛、從達蘭莎拉來的尊者隨從、西藏支持者等因緣聚合，而創造了完美的特質。這是第一次有這種規模的長壽法會在西方舉辦，以標記達賴喇嘛登基六十週年。

週末，達賴喇嘛在獲悉有許多信眾剛到，便把已經講授過的法要做一次精要的概述，主題包括：快樂與痛苦、因果法則、利他與愛、宗教的本質、佛法的知見與行爲、在心靈道上的警惕、維持眞確性的需要。

接著，達賴喇嘛繼續深入大圓滿的教法，闡明本覺的智慧、介紹心的本質、大圓滿的見地與心要、本然與慈悲，以及其他大圓滿法的要義。達賴喇嘛引述多竹千的教法，讀了一段祖古楚洛、也就是楚欽桑波（一八八四～一九五七）的著作，他是多竹千和伏藏師索甲列繞林巴的弟子。稍後在談到列繞法林的研修如何在實際上實踐利美、無偏見的探究，達賴喇嘛提到祖古楚洛：

以我自己的經驗，當我讀到不了解其他學派的寧瑪派上師所寫的寧瑪經典，有時會使我混淆。當我讀到純粹的、只知道格魯派傳承的喇嘛的著作，這對於了解其他派別的見解也沒有多大幫助。然而，如我稍早所說的，仍然有一些非凡的大師們，如多竹千晉美天佩尼瑪，尤其是他的學生楚洛。他的背景是寧瑪派，但他同時也嫻熟格魯傳承。楚洛知道宗喀巴表達事物的方式以及他所使用的術語，因此在他的著作中可以把相關術語作連貫。

另一位作者也有類似綜合不同教派法義的能力。我最近收到一本從西藏年貢祖古山芮的書，他是格魯傳承的一位喇嘛，同時也接受前世伏藏師索甲仁波切以及其他寧瑪喇嘛的教法。他有眞實的體驗，透過這個體驗，他對大圓滿傳承開展出至深的敬意。在他的著作中，他做了對照，這樣要清楚多了。

舉例來說，如果有人早已熟悉寧瑪和大圓滿教法，尤其是立斷（且卻）修法，研讀這種對照式的說明，當碰巧讀到宗喀巴大師著作中對於空性與淨光的解釋，他們就會把兩者連結並匯通。一旦他們有更完整的圖像，當他們接受格魯派上師的教法時，便已經有了理解的基礎，之後他們就能接受格魯派上師、薩迦派上師有關諸如「輪涅不二」的教法。即使上師們不見得知道不同教派的傳承，至少弟子們已經具備了一些基礎。透過這些不同上師的幫助，弟子們的智慧可以增長。我想，這是一種產生眞正利美修行者的方法。

達賴喇嘛以口傳《大圓滿禪定休息論》來結束法會。

經過這五天，大眾對於達賴喇嘛一個特別強烈的願心印象深刻，他並沒有預留問答的時間。他作了結語：「總結來說，我想重點是做一個好人。這是一種賦予今生與來生意義的方法……至少，如佛陀所說，必須靠我們自己走這條路。這完全掌握在我們手中：我們是自己的嚮導，自己的守護者。所以，在你們的修行道上要精進。」最後，索甲仁波切感謝大眾並迴向功德：「藉著這些教法的眞理，願達賴喇嘛尊者對西藏人民至誠的願心能夠實現。願他們找到自由，願他們的痛苦息止，並願您能盡快回到西藏。」大眾起立爲達賴喇嘛熱烈鼓掌。

當達賴喇嘛尊者離開列繞法林的時刻，一班健壯的、穿著制服的警察搶著排隊和他合影。達賴喇嘛瞥見一個警官蓄著如達利和德皇威廉二世一樣的八字鬍，便靠過去突然使勁的捏了一把，眼睛閃現出頑皮的神色。

達賴喇嘛隨後參加在鄰近小城洛岱夫舉辦的各宗教間的聚會，這個事件爲當地的宗教互信樹立了里程碑，並成爲國際媒體的焦點。會議中他談到「人性的價值，宗教的核心」。從那兒，他到蒙比利埃——一所法國最古老的大學所在（這所醫學院是西歐最古老的醫學研究中心），現在是一個以新工業和資訊科技知名的城市。達賴喇嘛發表一場公開演說，講題是「平靜的心，快樂的源頭」，聽眾超過五千人。在這個場合裡，介紹達賴喇嘛的是尚克勞德卡里耶，他是知名的編劇家、作家、劇作家，出過一本書《佛教的力量》，是根據在達蘭莎拉與達賴喇嘛的系列對話而編成。達賴喇嘛再一次把內在平靜與外在和諧作了連結，並特別強調調伏情緒與培養人性善良特質的重要性。演講的最後，達賴喇嘛走訪了隔壁的大廳，那裡有數千位民眾在看實況轉播。他精神奕奕的大步走向隔壁大廳，他的安全隨扈必須快跑才能跟得上。他爬上講台，在兩分鐘內濃縮他演講的重點。大廳的氣氛非常熱烈，當他離開時，再度陷入群眾中握手，好像對大廳裡的每一個人依依不捨，他邁向門口的每一步都使得空間更狹小。如果主廳的掌聲是熱烈的，那麼這個隔鄰大廳的掌聲便可以用淹沒來形容。

達賴喇嘛「覺悟之道」的教法在二〇〇〇年九月二十日至二十四日舉行，由馬修·李卡德擔任現場口譯，此紀錄後來被桑天·芭默譯成英文。西藏的譯本在達蘭莎拉由拉喀多格西督導下成書，他是法國法會的主要英譯者。在此基礎下，由理察．巴倫和亞當．皮爾西根據達賴喇嘛的話語，對翻譯做最後修訂。為求完美並得到達賴喇嘛的加持，龍欽巴《大圓滿禪定休息論》的譯本附在書末。這是由亞當．皮爾西翻譯，他是根據亞倫．瓦勒斯二〇〇〇年的譯本。教法和經典中有一些困難之處，也經由祖古東杜仁波切、祖古林古仁波切、格西圖敦金巴、格西札西慈仁親切的說明。

附錄中提供了歷史的觀點，這是根據達賴喇嘛在列繞法林說明金剛乘修法（灌頂、長軌大法會、甘露法會）的歷史和意義。

總而言之，達賴喇嘛的教法以及他到法國南部的訪問，超過了每一個人的期待，而且造成各個層面的迴響。對法國來說，這次訪問見證了對佛法興趣的深度與成熟度。達賴喇嘛自己和其他人觀察聽眾的全神灌注和激賞，他們不時的鼓掌，最後起立喝采良久。這是迄今達賴喇嘛在法國舉辦過最大的法會，「列繞法林評論」的新聞遠傳至韓國和西藏。對歐洲和其他更遠的地區而言，佛教更加贏得現代社會的尊敬，被視為智慧的泉源，以不改變信仰的方式，只是提供利益全人類並使人們更接近究竟的本質。

【譯者序】

在清淨的自性中休息

大圓滿的教法是八世紀時印度兩位密續大師蓮花生大士和無垢友尊者所傳，然後再由西藏歷代祖師傳承，到了十四世紀時由舊譯寧瑪派的龍欽巴尊者所結集。大圓滿法被視爲是藏傳佛教最上乘的法，它不但涵蓋了九乘的修法，更殊勝的是它本已圓滿具足。許多修習大圓滿法的行者，最後都以虹光身示寂，顯見大圓滿的確是無上即身成就法門。

然而正因爲它深奧難契，卻讓一般行者無從下手，如同禪宗一樣。從某種角度看，大圓滿法與禪宗有異曲同工之妙。六祖惠能標舉人人都有佛性，與大圓滿的教示並無二致。大圓滿教法和禪宗同樣都以《楞伽經》爲根本經典。

惠能在聽聞五祖弘忍開示《金剛經》，聽到「應無所住而生其心」時，言下大悟「一切萬法，不離自性」，並說：「何期自性本自清淨，何期自性本不生滅，何期自性本自具足，何期自性本無動搖，何期自性能生萬法。」

龍欽巴尊者在《大圓滿禪定休息論》開宗明義即說：「本性等空清淨界，勝法不動極離戲；光明心性菩提心，敬禮體圓無變遷。」禮讚本初自性，與惠能的理解完全相同。

在大圓滿法的開示中常聽到：「汝即是大圓滿」，禪師對弟子直指也常說：「汝即是佛」，理路也是完全一致。靈訓問歸宗和尚：「如何是佛？」歸宗回答：「我現在對你說，只怕你不信。」靈訓說：「和尚說的都是眞話，我焉敢不信！」歸宗說：「你就是佛！」靈訓於言下有省。

然而禪宗留下來的典籍，例如《六祖壇經》、《景德傳燈錄》、《碧巖集》、《指月錄》等，都是禪師們悟後的體會，並沒有修行的次第法要，以致禪門至今仍然讓人感到深不可測，且難以入其室一窺堂奧。

而大圓滿法的修行次第則相對的非常清楚，傳承大師們都留下完整的注解。尤其是龍欽巴尊者，不但是正遍知的修行成就者，也留下了兩百餘部著作，其中又以《七寶藏論》和《大圓滿三休息論》最爲一般所熟知。

大圓滿固然也講見、修、行、果，但是它的特色卻是：不立一切見、不著一切修、不修一切行、不見一切果。它是自生、自顯、自然、自解脫，本自具足，無須造作。正如蓮花生大士說：「見在自生自顯中，修亦自生顯莊嚴，行在自生自顯中，離於斷證之果者，自生自顯自圓滿。」

這也是在果上說的，但是傳承祖師留下許多大圓滿前行法、心髓，包括長傳、短傳和伏藏的教法，說明了大圓滿法不是一般人像惠能大師一樣，聽到「應無所住而生其心」就心開意解。還是要透過一些導引，漸次進入大圓滿境界。

而龍欽巴尊者的《大圓滿三休息論》可以說是修習大圓滿法的總綱，包含了《心性休息論》、《禪定休息論》和《虛幻休息論》。其中「禪定休息」是說明生起次第、圓滿次第的修行，透過氣脈明點而達到大樂、明空、無念的狀態。「心性休息」是說我們心性的所在就是安住於自心的本來面目中，它涵蓋九次第的修行綱要。「虛幻休息」則是修「八幻喻觀」，以對治修大樂、明空、無念所產生的執著。

這本書是達賴喇嘛在二〇〇〇年九月應邀至法國列繞法林講述大圓滿法的內容，為期十天的閉關，他以龍欽巴尊者的《大圓滿禪定休息論》為主軸，宣說大圓滿的根本教法。達賴喇嘛沒有一開始就講述這部論典，他先開示佛法的基本知見，一如往常的開示，達賴喇嘛還是強調菩提心與慈悲心的重要，事實上，這也是大圓滿法的根本精神所在。在進行菩薩戒與「蓮師八變」灌頂之後，一直到第五天才進入《禪定休息論》的正行解說。

達賴喇嘛以其博學多聞與實修的體驗，引經據典的解說了大圓滿的特色，並清楚分析了本覺與淨光的意義，以及直指本覺的法要。他引述了大圓滿傳承祖師們，包括：吉美林巴（持明無畏洲）、巴楚仁波切、米龐仁波切、多竹千晉美天佩尼瑪、第五世達賴喇嘛等人對於大圓滿的智慧法語和心要。看完了達賴喇嘛的開示後，無怪乎在現場聽法者都要讚嘆道：這是他們此生中聽到最殊勝的佛法開示。

不過達賴喇嘛並沒有把全文講完，只開示到「金剛理示禪定的次第」，至於大樂、明空與無念的修持法，達賴喇嘛就沒有開示了。可能的原因，一則是時間有限；二則牽涉到無上密法的修持，不適合對於廣大群眾傳授。根據龍欽巴此論的修行一樣可以到達證果的境界。龍欽巴在論中說：「如是到頂果次第：樂明無念今雙運，眼及神通無量德，究竟摩尼三身成，自利利他二圓滿。」即是證明。

有關龍欽巴《大圓滿禪定休息論》的中譯者是何人，目前不可考，不過全文譯筆流暢，值得讚嘆。本文的中譯是參考慧門法師的講義所引述，由於部分的翻譯和達賴喇嘛的解釋有出入，因此在譯文中略作修飾，以符合達賴喇嘛開示的原旨。

台灣的佛子們有幸接觸到達賴喇嘛講述這一部《大圓滿禪定休息論》，展現了三重殊勝：大圓滿法的直指殊勝、龍欽巴尊者究竟的證量殊勝、達賴喇嘛精闢的闡化殊勝。願所有與本書結緣的善知識們都能在清淨的自性中休息，安住在大圓滿界中。

第一部

佛法的基本義理

第一章
介紹

首先，我要告訴大家，能夠跟你們——我的師兄弟姊妹們一起共度幾天，而且談論佛法，我有多麼高興。你們來自世界各個角落，無疑地因爲你們都非常忙碌，來這一趟並不容易，爲了來此你們已經克服了重重困難。還有些人參與此次的工作讓法會順利，所以，我在此對你們表示歡迎與感謝。

一開始我想說一件事。你們已經到這兒來和我會面，如果你們來這裡的目的是希望聽到一些神奇的事情，或是想從我這兒得到加持，以便立即去除你們的痛苦並得到眞正的快樂，我想你們可能誤會了。基本上我們都是人類，大家都一樣。我們的心以同樣的方式運作，我們經驗著同樣的情緒和感覺。我們另外還有一件共同的事，那是我們應該要知道的：那就是，我們都具有成爲好人並使生活快樂的能力，這完全仰賴我們自己。同樣的，我們也具有使生活不快樂的能力，這不只是體驗個人的不幸和悲傷，而且會引起周遭人的痛苦與不幸，帶給他人毀滅。看看這些事例，我們之間並無不同。

所以，我能提供什麼呢？我只是一個佛法的修行者，一個佛教和尚。我現在已經六十六歲了。自從我在約莫十或十五歲時到現在，曾有一次對佛陀的教法感到深信且興起眞誠的興趣，幾十年來我並沒有太多的實修，但我仍盡可能的堅持修行。這教給我的就是：在離苦得樂方面，我們都是一樣的。由於我們都期望得到快樂且避開痛苦，自然地，我們就會熱切想知道什麼對我們的生活有利益。我們也想知道導致生活快樂與不快樂的因緣是什麼。這我有一點點的經驗，是我想要跟大家分享的。你們之中有些人可能在我的話語中受益，如果你們發覺有幫助，請加以深思；如果你們覺得我的話沒什麼幫助，就忘了它吧！畢竟這也沒什麼壞處，不是嗎？

宗教的共同目標

在我生命的歷程中，由於佛法的訓練，我得到一些經驗上的理解，我思考過很多有關這方面的主題，這是我想要和大家分享的。然而，假使我提到我的經驗和佛教有關時，並不是爲了要彰顯佛教。那不是我的意圖，即使是一丁點都沒有。對此我是有理由的。

首先，人類之間在心智和興趣方面有極大的差異，過去三、四千年來，曾經有過偉大的宗教和心靈傳統在地球上興盛，有些至今還很活躍。貫穿他們的歷史，它們服務了數百萬人的心靈需求；它們現在一樣在做，未來還會繼續做下去。因爲我們不同的智能和偏好，而有了這些不同的宗教傳統以及其個別的知見和哲學，這對信仰它的人有極大的益處。這就是爲什麼我確信人們追隨他們父母的信仰，並依照信仰的知見和哲學過生活，對他們非常適合。

其次，世上的宗教傳統儘管有不同的知見和哲學，其中有些的確很卓越，但不論它們的差異爲何，我們發現它們在倫理上的修練大多數是一樣的。例如，在開展愛、慈悲、忍耐、知足、或是在自律與倫理規範方面，大多數的宗教傳統或多或少都相似。從利益他人以及幫助人成爲一個好人的觀點來看，這就是爲什麼我覺得大多數的宗教傳統都一樣的原因，我依然如此堅信。這是讓我們繼續追隨父母信仰的一個很好的理由。

此外，改變一個人的宗教信仰是很嚴肅的事，而且可能會產生問題，有些例子就導致眞正的困難。當我在西方國家對不同宗教背景的人演說，當我在解釋佛法時，我的目的從來就不是代表佛教勸人改變信仰。事實上，在西方講佛法，我總是有一點疑慮。爲什麼？因爲這些國家早已建立了自己的宗教傳統，不論是天主教、猶太教還是回教。如果某人出現並談論佛法，在某些例子上可能引起人們懷疑他們自己的信仰，這是他們從來不曾有過的。這就是爲什麼我會覺得有一絲絲的不安和疑慮。

至於存在於世上的心靈傳統和宗教，有兩個面向可以加以認清。一個面向是由它的形上學和哲學知見所組成；另一個面向則包含爲了實踐這個知見，我們必須遵循的戒律。這意思是指規律的修心，日復一日，以及修正伴隨著心的適切語言和身體行爲。我相信主流信仰傳統通常展現出這兩個面向。

有時你們可能會懷疑：這些宗教在形上學和哲學知見有如此的差異，它的重點是什麼？它們的目標在調伏我們的心，並幫助我們開展成爲一個好人。從修心的觀點來看，所有宗教傳統多多少少都一樣而且具有同樣的潛力。只有當我們從哲學觀點的立場討論時，它們之間的差異才顯現出來。

不同的道

從修心的觀點來看，我覺得很難說哪一個宗教是好的或是壞的，或是比其他宗教高尚還是低下。它們只是適合我們不同的根性和興趣，也因爲這些不同，因此我們能說，「對我個人而言，這個宗教傳統是最深刻，也是最適合的。」但我覺得主張任何一個宗教對每個人都很深刻或是都不深刻，恐怕很困難。

另一方面，如果談到不同宗教的知見和哲學，我想我們可以描述一個是廣博深奧的，另一個是簡潔明瞭的。所以從形上學與哲學的立場，似乎可以建立一種等級。然而，不論它有多深奧，一旦把見地或哲學付諸實修，如果它不適合某些個人的根性，就不會激發起任何深刻的體驗，也就不會有太大的受用。相反的，即使某個宗教的哲學知見沒有那麼地廣博深奧，但如果對開發某些人的心有幫助，對他們來說就是最深刻的。

舉個例子，即使是佛法，也有許多不同的哲學體系。在大乘傳統中有兩個主要的系統——唯識學派和中觀學派。這兩個學派都在弘揚佛陀的究竟目標和洞見，兩者也都是根據佛陀的法語。乍看之下，它們的主張似乎完全不同。從唯識學派看中觀學派的某些觀點是懷疑主義；但是從中觀學派的觀點來看，唯識學派卻掉進唯物主義或虛無主義的極端。因此這兩個學派的確出現矛盾，還有很大的不同。但它們都是同一位導師教的，因此你們可能會懷疑，「我們該如何協調？我們該如何看待它們？」

重點是佛陀在教導佛法時，認知到弟子根器和性向的差異適才而教，以弟子能適應最重要。

爲了因應這種需求，佛陀教導了不同的見地，因此我們能夠理解並解釋其間表面上的矛盾。

一個真理，一個宗教

同樣的原理可以幫助我們思考其他的重點。不同宗教的個別修行者必須相信，而且要對他們的宗教就是究竟眞理、就是唯一可信的教法有信心。他們可能稱之爲「唯一的眞理、唯一的宗教」。畢竟所有不同的宗教傳統和哲學，是由於人們根器和興趣的差異而存在，跟隨著的是在某種意義上，它們必須是「眞實的」。如果所有這些都是可信的宗教和哲學，那麼又只有一種是他們認爲正確的，這不是矛盾嗎？我們似乎應該同時以兩種思維來調節：所有宗教的理想都是好的，而我們所修行的宗教理想是可信的。

如我前面所說，在佛法的架構下，一個最適合唯識學派的人，他的心最傾向於這個學派的教法，他會是這個學派的追隨者，因此會認爲這是最好的。唯識學派的擁護者會使用它們的知見來評定中觀學派的究竟義理，也就是佛性的究竟狀態，他們會做出結論，認爲依照他們信眾的解釋，中觀學派的義理是不可信的。他們會被迫這樣說，是因爲他們覺得唯識學派最適合他們的根器和性向。因爲這個知見以這樣的方式滿足他們，他們會想：「這是最深奧的，這是最好的，因此我們的應該是不會錯，而且是對佛性狀態的最究竟解釋。」他們會這樣認爲，不是嗎？

在此同時，一些比較沒有偏見的人會知道，佛陀的追隨者，不管是支持四大思想派別的哪一派——有部、經量部、唯識學派、中觀學派，都是同一位導師的追隨者，都依靠他的慈悲。所以，這位沒有偏見的人會以同樣的信心、虔誠和尊重看待所有佛教派別的信眾。

因此，我們可以這樣說，對一個特定的人，從他的觀點而言，「只有一個眞理」這樣的陳述是完全正當可信的。但是從一個整體的觀點，涉及許多的個人，我們必須說有許多的眞理和許多可信的道。以這樣的方式看待，我覺得沒有矛盾。總之，從個人或是你自己修行的觀點，可以只有一個眞理；但是從多數的觀點，則可以有許多眞理。

我相信世界上不同的宗教和哲學——基督教、猶太教、回教或印度教的任何一支，都是非常好而且可以幫助許多人，所以我讚嘆並尊重它們。我從來就沒有意思要貶低或批評其他的宗教。當然，有時如果碰到一個宗派主義者或是頑固份子，我可能會認爲他們太誇張了，會有一點點不耐，但這只是少數個案。大體上，我對世上偉大的宗教都心存敬重與讚嘆。所以我想要請求各位，我的法友們，以同樣的方式看待宗教。我們應該認知所有宗教都是美好的，並以服務人群爲目的。在逐步顯現對其他宗教的讚嘆方面，對我們也是有幫助的。這是很重要的觀點。

談到這裡，人們是有可能發生改變宗教信仰的情況。我們可以舉這樣的例子，某人從基督教家庭變成佛教修行者，因爲他發現佛教比較適合他的根器和性向，他（她）可能會想要尋求受戒成爲佛教比丘或比丘尼，選擇一個「出家人」的道路。她的家庭是傳統式基督徒，但是在全球數百萬基督徒當中，必然有許多不同的根器與性向。重要的是，那些決定開始修行佛法的人，必須維持對雙親信仰的尊重。人們不可以因爲信仰新的宗教，以此作爲理由，批評或詆毀原來的宗教，認爲它們是沒有用的。他們先前信仰的宗教仍然可以利益無數的人。

從其他宗教中學習

我認爲學習其他心靈傳統和宗教，具有很顯著的益處。其中之一是，我們可以從其他宗教得到啓發，以深化我們對自己宗教的信心和理解。我發覺這些例子很普遍。我的一些基督教朋友告訴我，他們是如何將佛教的觀想修行融入生活中與基督信仰結合，這對他們自身的修行幫助有多大。同樣的，我認爲佛教團體，尤其是寺院僧團，可以學習基督教的兄弟姊妹，特別是他們的團契在教育、健康照護，以及提供人道援助等方面的服務，他們以極大的奉獻投入於這些事情之中。這絕對是佛教團體可以學習的例子，我認為這非常重要。

知道了我們應該在不同宗教之間培養和諧，並對它們發展出一種純淨、正面的態度，以這樣的背景，接下來幾天我要談到一些有關佛教的法義。當然，當我從佛教的立場談時，我會從哲學的觀點表達它是不同於其他宗教的。例如，創造者的信仰，佛教徒並不接受有一個創世主。但是解釋這些觀點，我的目標是闡明佛教的哲學知見，而不是去製造矛盾或駁斥其他宗教的見地。

教法的前行

通常當我給予一個普通的教法，我習慣坐在椅子上。在這種情況下，無須以祈禱開始。然而，今天，如你們所見，我坐在法座上。這純然是出於對佛陀法語的尊敬，他在二千五百年前所傳授教法的廣博深奧，而不是因為我是某重要人士的關係。你們可能已經注意到，我在上座之前對著法座三頂禮。這樣做，代表對佛陀法語的尊敬，而這些法語是我即將要詮釋的。如果我真的是某種重要人士，我就不需要如此頂禮了，這個榮銜已足以讓我坐下來且看起來有模有樣。但事實是，我認爲自己只是一個非常單純的佛教比丘，一個佛陀的追隨者，在詮釋與分享他的法語。

傳統上，當一位上師坐上法座開示時，他會念誦這樣的經偈：

一切有爲法
如夢幻泡影
如露亦如電
應做如是觀①

上師登上法座，念誦此詩偈，接著捻指出聲。此刻，他憶念諸行無常、思維痛苦煩惱、想起諸法無自性。此外，當你坐上這個法座，會有一個風險，就是你可能感覺自己很高深。解說佛陀教法的心必須是平靜的、柔順的、遠離所有的貢高我慢。

當然，在座有些人可能以堅定和虔誠的態度跟隨著你們的信仰，並且逐步進展、通過所有的

①這句詩偈出自《金剛經》。

次第直到究竟，所以你們的證量可能都比我還高。在這種情況下，我應該從你們這邊得到加持。

對我們每一個人，重要的是調伏和訓練自我的心，並把教法付諸實修。據此，我坐在一個高大的法座上，如果自以爲是特殊而不凡的人，那將是很大的錯誤。順帶一提，對於所有我們容易沉耽的虛飾儀式，我尤其感到不舒服。事實上，我覺得沒有這些反而好些。很久以前，在佛陀得到圓滿覺悟並開始轉法輪時，除了少數特別的場合之外，他並不拘泥於任何儀式。佛陀在說法時，只是裸足持缽，到處行腳。我們沒有聽過佛陀坐在裝飾華麗車上的敘述。

龍樹的情況也是一樣，他是以「第二佛」而聞名，他的法子提婆，以及無著和世親兄弟都一樣，他們全都受比丘戒，也都是持缽乞食。除此之外，他們並沒有追求任何無謂的誇張和儀式。我經常開玩笑說，我們不曾聽聞過輝煌的怙主龍樹菩薩有事業經理人、財務總管或私人秘書，而是他根本就沒有。然而，在西藏有一種習慣逐漸形成，因爲政治和宗教角色的融合，有些人身兼喇嘛與首長。這衍生了很多繁文縟節和奇景。然而，有許多博學以及證悟的西藏大師們，來自四大教派——薩迦、格魯、噶舉、寧瑪等傳承，他們是佛法的完美支持者。在極大程度上，這些大師們舉止平凡，過著清淨、簡單的僧侶生活。我覺得有更多的理由，我們不應該被儀式或風頭主義帶著走，而是要如履薄冰的訓練自己。

經典陳述說，佛法起初並沒有依靠身體的表現，例如服飾或舉止威儀；也沒有語言的表現，例如唱經或念咒；最重要的是體驗心的本質。他們這樣說，並不是強調外在的表現，佛法主要包含特殊的方法分析、觀照心，並予以轉化。

事實上，佛法主要並不是把焦點放在外表的語言，像是唱誦念咒，或身體行為，像是大禮拜等等。佛法是藉著你的心實修，這使得過程有一點困難。另有經典說，「因為這樣，佛法是最微細的。」你可能會問為什麼？因為人們總是有可能外在表現得像個修行人，而內心卻隱藏著壞念頭，完全不足以稱為是個真正的修行人。同樣的，人們也可能不停的念誦祈請文和咒語，同時他們的心卻被各種壞念頭所染污。但是，如果我們在心中修習一些正面的能量，例如開發信心或慈悲心，當正面的特質在我們心中生起時，我們的心就不可能產生負面的狀態；同樣的理由，當心處於一種負面狀態時，正面的能量是不會同時存在的。所以重點是，所有事情的成辦都是以我們的心為基礎。

首先，我要念誦一段傳統的祈請文——憶念佛陀身、語、意功德的禮敬文，從經典中摘錄出的一段朗誦及迴向。這些是講經前的「三常軌祈請文」，接著我會念誦藏文譯本的《心經》，以及從《現觀莊嚴論》中摘錄頌揚「般若波羅蜜多」智慧之母的讚頌文，與「智慧根本頌」，這是讚揚無上導師佛陀，他展示緣起的眞理。你們之中如果是佛教徒，或許不知道怎麼跟著我唱頌，那麼你就憶念佛陀的身、語、意功德，並把心安住在清晰的願力上即可；如果你不是佛教徒，就放鬆休息片刻吧。

禮敬天人師、調御丈夫、如來、應供、圓滿佛、正遍知、無上士、世間解。

般若波羅蜜多讚

求寂聲聞由遍智
引導令趣最寂滅
諸樂饒益眾生者
道智令成世間利
諸佛由具種相智
宣此種種眾相法
具爲聲聞菩薩佛

四聖眾母我敬禮②

禮敬佛陀

不生亦不滅
不常亦不斷
不來亦不出
不一亦不異
能說是因緣
善滅諸戲論
我稽首禮佛
諸說中第一③

---

② 彌樂菩薩：《現觀莊嚴論》，v.1。

③ 龍樹菩薩：《中論》（*Fundamentals of the Middle Way*, 1:1-2）：可參看達賴喇嘛：《達賴喇嘛談心經》（*The Essence of the Heart Sutra*），格西圖敦金巴翻譯，p.122。

皈依發菩提心

教導佛法的人要有清淨的發心，聽聞佛法的人也要有清淨的發心。如果教法是以這樣虔信的方式解說與聽聞，在引導你的心時會有很大的受用；如果沒有清淨的發心，就不會有益處。因此我們要知道，上師與弟子一起念誦以下的祈請文三遍：

諸佛正法聖僧眾
直至菩提我皈依
以我修誦諸功德
爲利眾生願成佛

這段祈請文包含了皈依和發菩提心。沒有皈依三寶，這個教法就不具格成爲佛法；沒有生起爲利他而成佛的菩提心，這個教法也不能算是大乘佛法。所以在我解說以及你們聽聞教法的一開始，我們必須念誦祈請文以皈依並發起菩提心。

第二章

轉化心

接下來幾天的教法將分為兩個部分：佛法的一般性介紹，接著解說如何將這些教法帶入心中並實修。

三寶

如我們所說的，沒有先皈依，這個教法就不能稱為佛法。確切的理解佛、法、僧「三寶」的意涵，對我們更加重要。傳說中佛陀是一位非常特殊的聖者，大約在二千五百年前示現於印度。然而，我們不能侷限一般對佛陀的定義，認為他只是歷史上不凡的人物。為了解釋「佛寶」，首先我們要介紹「法寶」。一旦我們掌握法寶的意義，就會知道佛是實證法寶的人並成為一個聖者，從出離心和了悟實相的結果，賦予法以完美的特質。事實上，從法寶的基礎上，我們可以眞正領會什麼是「三寶」的意義。

爲了了解「法寶」的意義，我們需要知道法的兩個面向——經典或傳揚的法，以及了悟或實證的法，而兩者之中尤以後者爲重要。我們也可以說，法寶就是有關四聖諦中的兩項眞理：滅諦（痛苦的止息）和道諦（止息痛苦的方法）。因此，了解這兩項眞諦後，自然會建構出「什麼是法寶」的基礎。

既然法寶包含滅諦與道諦，讓我們先來看看滅諦的特質。「滅諦」一詞是指透過對治的方法，消除或移去特定的缺點。接著我們要了解的是，什麼是確實應該消除或移去的缺點，什麼是我們使用的對治之方，什麼方法可以讓我們解脫。爲了幫助我們了解這些，佛陀初轉法輪，便以教導四聖諦開始。

四聖諦是基石、是佛法的基礎，分別是：苦諦、集諦、滅諦、道諦。我們要了解四聖諦系統性的呈現。在進入四聖諦的細目之前，我要先談十二因緣。

十二因緣之首是根本無明。爲什麼說是根本無明呢？在此處，無明並不是意味一種呆滯的錯亂，也不是缺乏知識。當然，「無明」一詞有許多陰暗的意義。但此處的無明是指引生輪迴的根，意味著一個錯誤的或是扭曲的心理狀態。心的狀態是否錯誤，有賴於它視爲眞理的，在究竟上是否爲眞理。這是區別心是否處於錯誤狀態的標準，而且也是決定什麼是有益或有害的標準。

既然如我們所定義的，無明主要是指對諸法本質的誤解，這意味著我們必須要知道諸法眞正的本質。由於這種需要，我們必須涵蓋一切的現象，包括外在世界和內在的狀態，並自問下列幾個問題：「諸法所顯現的方式是不是就是它的本質顯現？諸法眞正的樣子和它顯現的樣子，兩種樣態是一樣的嗎？」不管你用哪一種方式審視，在事物的本然和它的顯現之間是有差異的。因此在這個基礎下，我們區分兩個眞理：相對的、世俗的眞理（世俗諦），以及絕對的、究竟的眞理（勝義諦）。

解釋二諦有幾種方式，但是在我的講述中，主要是用中觀的學理來說明。根據中觀學說，我們需要了解諸法的究竟本質或根本是什麼。了解之後，我們才可以識別心的狀態處於誤解諸法的本質時稱爲無明。如此，爲了有助於我們正確的了解四聖諦的系統性安排，首先我們要了解二諦，也就是世俗諦和勝義諦的關係。

轉化心：角色互換

現在，我先從不同的角度來解釋諸法。佛法的目的是轉化心。我們的心如何能被轉化呢？如果我們要改變或轉化外在世界的事物，一開始我們會先了解不協調的兩個機件是如何運作的、或是兩相對立的。如果要使它起一個特定的作用或結果，我們要做的就是盡可能減少其對立；或是假使其中一個機件沒有必要，那就藉著強化其對立面來去除它。

讓我們舉生病爲例。身體內的所有化學物質和有機體，某些是有益的、某些是有害的。一旦我們認知它們的特性，以及它們是如何運作和彼此破壞，就可以引進新的物質來對抗引起疾病或痛苦的物質，以摧毀它的力量。否則，如果只是唱頌「願引起我病苦的細胞消失」，是不會使它們消失的；或如果只是坐在那裡想「願它們能遠離」，也不會有任何作用。你必須找到中和的力量並加以強化，才能減緩疾病的力量。

轉化心的程序也是一樣：在你的內心中尋找中和的力量。既然心是無形無相的，你可能會問這個「中和的力量」可能會是什麼？實際上是看待事物的不同方式，二擇一的態度或是看心情。我們舉日常生活爲例，當我們看到或聽到某事，視我們當天的心情，我們可能會認爲它是美妙的，也可能認爲它是恐怖的。這兩種心理狀態屬於同一個意識，雖然都聚焦於相同的對象，但是看待事物的方式卻完全不同。

如果心的任何特定狀態變小或減弱了，必然是找到了它的相對狀態所致，例如，生氣、貪婪、怨恨。一旦你意識到這個心境的缺點而想要加以控制，你就必須要開展它的相對心境，就是慈愛與溫情。如果你想到貪婪和怨恨，它們是一種想要傷害或侵犯他人的心理狀態，要對治這種狀態，就是把焦點放在他人身上或開展出一種誠摯的情感。「只要他們能更好！只要他們能快樂！只要他們能充滿歡樂！」這種心的架構是處於和貪婪、怨恨完全相反的狀態，會對它們產生破壞的效果。

結果就是，只要你有兩種矛盾的態度，其中一個便會破壞另外一個。只要貪婪和怨恨的狀態增加，同樣程度的慈愛和溫情就會消失；同樣的，如果慈愛和溫情的態度增強，貪婪和怨恨就會減弱。因此，正如我們能認知外在世界相對的事物並用它來改變或轉換一樣，我們也需要在自我內心中尋找中和的力量來轉化我們的心。

問題發生前先掌握

達到這個目標的一個方法，就是在事發前防患於未然。例如，痛苦是沒人想要的東西，但是一旦某種痛苦到來，最好是有一種去除痛苦的方法。但是，更根本而有效的方式是在痛苦來襲之前就採取行動，以確保事情在一開始就沒必要發生。不管我們是在談論周遭的外在問題，還是自己的心理與情緒問題，都可以先掌握並阻止問題發生，以避免不想要的事情出現。

讓我們看看這是怎樣的情況。不管我們談論什麼，是外在的或內在的，沒有一件事物是獨立自存的，也沒有一件事物是不依靠因緣的。不論是內在的經驗還是外在的問題，亦或物質的東西，全都是由於因緣而產生。既然是這樣，爲了解決問題或是去除某種痛苦，首先你必須認知它的因緣，接著要確保此因緣尚未完成或尚未成熟。以這樣的方法，你就能阻止一場原本不可避免的後果。

就外在世界或內在經驗來說，沒有一件事是不需要因緣就能獨立自主發生的，同樣的，沒有一件事的發生是以單一的因緣條件作爲結果的。諸法是依靠很多因緣條件而成辦的，因此，當我們尋找離苦得樂的方法時，必須要問：「痛苦的本質是什麼？快樂的本質是什麼？它們的因緣條件是什麼？」我們必須徹底了解它們的因緣，如果是痛苦的話，在痛苦發生之前就要終止。如果我們不能在事發之前介入或防範，結果事件將會冷酷地繼續催化，當它成熟以後，我們就沒有機會了，只能求助於減緩痛苦的方法。

這是佛法運作的方式。當然，快樂和痛苦是我們內在意識經驗的主要感覺和情緒。就某種程度來說，外在的刺激，像是我們所看到的景象，可以成為快樂或痛苦的因緣。但是主要的，快樂和痛苦是我們意識領域內的感覺經驗，所以了解它們的因緣和這些感覺與情緒的本質是非常重要的。對我們的心識作系統性的檢視，會發現有很多的細節。

一旦我們找到先前所說中和的力量時，就可以用來作為對治，透過它來強化我們內心需要的部分。這是我們轉化心的方法。

轉化心需要什麼

要成功轉化心，我們需要一些努力。我們不能只是坐在那裡或等待它自己發生，就希望心會改變。如果我們觀察內心的負面因素，可以概分為三者：貪、瞋、痴，即所謂的三毒或三染汙。

長久以來，我們的心已經習慣這些毒素，現在則是根深柢固了。我們可能談到「無貪」、「無瞋」、「無痴」從三毒中解脫的情況，就這一點來說，我們幾乎不曾經驗過這樣的狀態。事實上，我們對那種狀態根本毫無概念。因爲我們對於轉化自心的對治之方是如此陌生，因此需要相對上更堅定的努力，否則要使得轉化輕易發生將會十分困難。

在這方面的努力，我們必須堅定而且精進。在開展出精進之前，我們需要熱切的、激勵的意志，我們要對自己說：「這是我務必要完成的。」如果內心有這樣的發心，不管多辛苦，我們都會毅然的堅持下去。一旦你了解不轉化自心的過患，以及轉化自心的功德之後，你就會勤勉精進。這說明了了解的重要性，一方面是了解內心負面情緒對我們造成的痛苦和災難，另一方面是了解內心正面特質所帶給我們的利益。

如果轉化心需要努力，努力就需要興趣和參與。參與感若要強烈，你必須從內心深處發心。如果你不這樣驅使自己，要藉著外在或是某人來迫使你轉心，將會非常困難。事實上，如果你嘗試了，情況可能更糟。畢竟，我們稱爲心的這個東西是非常精巧的。一方面，一個非常小的狀況會在我們內心中起變化；另一方面，如果某人想要欺侮我們，不管他們多猛烈，我們的心只會變得更頑強。但是如果我們在心中或是意識中發心，我們就能不屈不撓的穩步前進，而無須對困難花費過多的心力。

發心、理性和信念

因為我們的發心會驅使並啓動為行動，因此我們需要好好檢視它的理論，並思考它的根據。意即比較一下和我們發心有關的利弊得失，以及長期和短期可能產生的影響，尤其是長期帶來的傷害。不管哪種情況，我們的心都易於依賴其所熟悉的情境。如果心有理由依賴這些，我們就必須反省並重複檢視那個理由是什麼。接著，心就會感覺穩定的增強且有更加的確定感。相反的，如果心沒有理由依賴這些，我們所做的便只是在發展一種信念。除了只是假定某某是如此，我們不能透過潛在的理由就確定事情的原因。我的重點是，我們必須確定我們行為背後是有確切的理由。

這項確認的關鍵用意是要知道事物的本質。不論是從相對的還是究竟的觀點，我們必須了解為什麼事物會是那個樣子。沒有這樣的了解，我們對事物的假設，認為「應該如何如何」，事實上將會無法反映現實的情況。

基本上，不管我們的信念是不是植基於確切的理由，有一個趨勢，它們會隨著我們對它的熟悉度成正比的變強、變清晰。但是如果特定的信念沒有確切的理由支持，而只是想透過熟悉度增強我們的信心，這會有點困難。因此，了解事物的實相很重要。

推理的能力

想想什麼帶給我們幸福或是造成傷害。一個事實是，不論我們是誰，我們唯一的願望就是離苦得樂。這種現象並不侷限於我們這個世代的人，從有人類以來直到今天，每個人都希望得到快樂、遠離痛苦。進一步說，所有只要能感覺苦樂的生物都希望離苦得樂。

有一種痛苦和快樂主要來自於我們的感官意識，例如，來自於我們看到或聽到什麼，這種苦樂的覺受是我們和動物所共有的。由於我們看到的色相、聽到的聲音、聞到的氣味、嚐到的滋味、觸摸到的肌理，可以產生各種不愉快的經驗，我們會想要遠離這些；或者，我們也可從中享受喜樂和愉悅的經驗，使我們滿足。追求這種滿足對所有動物而言是一種激發的力量，例如，享受飲食的美味、追逐性的歡愉、處理冷熱所引起的舒服或不適，所有這些都是人類和動物共通的經驗。

如果我們要問，人類和動物之間有何不同，答案似乎是思想的力量。我們有極大的思考和推理的能力，與此連結的是，還有一個很強而且長期記憶的能力。我們不僅能夠回憶此生有過的經驗，有時候是好幾年以前的，而且還能理解並記憶人類過去世代的歷史。同樣的，我們可以預見未來，而不受限於當下的感知。提醒你們，有些動物也有回憶過去和某種程度預知未來的能力。例如，動物在飼養牠們的孩子時，似乎知道幾個月後需要什麼。這的確很稀奇，不是嗎？然而，牠們並不像人類。能夠回憶幾年前或幾世代歷史的事，似乎是人類獨有的特質。區別人類和其他物種不同之處，即是這聰明的思想能力。

因此，我們就從這重要的智能觀點來討論。很諷刺地，就是這個智能導致我們許多的痛苦。動物活在當下，只是經驗來自於感官上的苦樂。相對的，人們總是思維著無數不同的念頭，有各式各樣過去的記憶使得我們沮喪，對於未來，我們則有著無止盡的期待和恐懼，神出鬼沒般地使得我們焦慮。我們只需回想片刻，就可以認清這個事實。這說明了有些人是如何的想要擁有一切，每一樣東西都不缺，但心還是一片混亂，他們依舊沮喪、痛苦。

在此同時，因爲人們具有強大的思考能力，每一個思維都可能使我們陷入痛苦之中，動搖我們的心。透過五官所產生的痛苦，非常容易直接消除；但是從人們心智滋生的念頭和觀念所引起的不愉快，則只有利用理性的力量才能去除。你不愉快，是因爲你的心處於混亂的狀態，以身體上感官的愉悅要去平伏這種不愉快，是很困難的。這就是爲什麼有些人非常富有，擁有無盡的財富、美滿的家庭、極好的朋友，卻還是不快樂的原因。來自於內心深處心理上或情緒上的不愉快，這是思維的結果，無法透過外在事物所提供的快樂來扭轉。

但是我們可以扭轉事情。如果我們能發現內心有一種幸福、充實、滿足的感覺，即使外在條件不是那麼理想，在感官上有點侷限，但我們的心仍然可以得到平靜。

舉生病的例子。當身體上有病時比較容易處理，只要知道提供一些保護或免疫，以避免惡化即可。接種牛痘疫苗以抵抗天花，會產生短暫的副作用和不適，但如果知道這樣可以使我們免於未來因病死亡或痛苦，我們就會感到釋然或安慰。同樣的理由，一個士兵會因爲在戰爭中受傷而感到驕傲，因爲那是他在戰場上勇敢的證明。靈修者也一樣，在修行時必須忍受短暫的艱苦，但了知這項艱苦是爲了淨化有害的行爲，就會強化他們的決心。所以對於身體的痛，你的心態會允許輕微的不舒適感，並告訴自己，這是值得的，這是爲了更大的目的，所以沒關係。很清楚的，我們內心所感到的快樂和痛苦，可以壓過感官上的快樂和痛苦。這個與思想觀念相關的內心快樂和痛苦，對我們的影響更大、更深遠，不論是好的還是壞的影響。

物質進步的偏執

我們談論到感官層次的苦樂與物質進步密切地結合。直到今天，這種進步的數量極大，而且未來只會增加。既然感官上的苦樂程度影響著我們的生活，我們必須承認物質發展是非常實用而且有建設性。同時，我們必須認知，透過思維方式給我們帶來心理上的幸福與痛苦，對我們也有強烈的影響。因此，想要透過外在的設施消除內在的痛苦是非常困難的。

畢竟，內心的平靜並不是我們可以買到或是以物質成分製造的。藉著藥物而想在內心生起平靜和快樂，也相當困難。當然，當我們的心充滿著許多雜念而狂亂時，我們總是求助鎮定劑，讓心休息或使過度雜亂的心暫時安定下來。接著，沒有一點念頭，我們放鬆了，但就像一隻豬在泥地裡打盹一樣，我們的心可能經歷一點點的放鬆和休息，但除此之外，想要透過外在因素的幫助在內心找到平靜和快樂，幾乎是不可能的。

重點是：所有人類感到快樂和痛苦的種類，以源自於內心的最重要。外在的、物質的進步，可以透過感官在極大程度上減輕痛苦、感到快樂；但是要消除內心的痛苦、帶來內在的快樂，其影響力實在很有限。

在人類的社會，我們容易相信透過外在的、物質的東西可以滿足所有的欲求；尤其是金錢和財產，被視爲達到保護目的的庇祐。但是「快樂」和「痛苦」是個別的感覺和經驗，與我們思維的方式有密切關係，但是我們似乎完全不重視，反而把所有的希望、庇祐寄託在外在的物質上，相信它會減輕我們的痛苦、保證我們的快樂。我們把所有的事寄託在物質上，這是爲什麼它們不可避免的在我們心中生起強烈的執著和偏執的原因。

當我們的習慣和生活方式完全依賴物質，一個不可避免的結果就是：我們知足的感覺被剝奪了。如果我們只是繼續盲目的、不思索我們在做什麼，那麼不管有多少物質享受環抱我們，我們的心將永不滿足。而就整個社會而言，不知足的結果將會對自然環境造成一個大損傷。

愛的重要性

人類社會的普遍狀況是我們都彼此依存，我們是群居動物，必須共同生活、互相合作。但人們似乎喪失了基本的人性愛和彼此關係密切的感覺。我們的社會沒有太重視愛的觀念，對愛也沒有多大的興趣。除了物質至上以外，沒有談到任何有關對人類慈愛的重要性。我們欠缺這種愛的感覺，並把所有精力投注在賺更多的錢上面。如果我們只關心盡其可能的剝削他人、竭盡所能的宰制他人，永遠在囤積和競爭，我們就不會再進一步追求自己的目標。在這種情況下，慈愛人類的法則無論如何都不可能傳播。但是欠缺人類互愛的理想，家庭不會和樂，夫妻間不會快樂，父母子女間也不會有歡樂。然而，數百萬的人一起生活在這裡，我們每個人心中都將感到孤獨寂寞。

公司間充滿歡樂的感覺是如何？關心他人，認為他們是我們的朋友，如何？以信心和信任對待他人，又如何？他們似乎都平靜下來了。但他們都有所欠缺，不是嗎？

事實是，我們共同生活在這小小的星球上，尤其這些年來，在很大程度上我們必須彼此依賴。環境顯示我們必須為整個地球和人類的好而思考。但我們卻被有限的自我觀念卡住了，被「我」和「我們」所支配。最糟糕的情況是，這將導致公開的衝突。我們所錯失或是從來沒做的是一種合作或齊心協力的感覺，而這正是一切災難的處方。以世界人口的現狀，意味著我們正面臨真正的問題。

好人的象徵

身而爲人，我相信我們的首要之務是在內心找到離苦得樂的方法。想像如果我們能使內在心靈成長與物質進步和發展並駕齊驅，就更有意義了。我覺得這是身爲一個人，能賦予我們生活的眞正目的，同時，總體上一定會對社會做出正面的貢獻。

在我個人的生命中，經歷過許多歡樂和悲傷，也遭遇過許多困難。但當我想到在艱困的時刻，不管情況如何，我總可以看到一件事帶給我希望。因爲在我的內心裡可以感覺，我的生命有一個目標和價值，我已經把生命寄願在幫助他人之上，這是我知道證明對我非常有幫助的方法。當我碰到困難時，這個態度給我勇氣，以及永遠有希望的感覺，艱苦是可以應付而且值得經歷的。透過此，這帶給我一種滿足感，很自然地也有一點放鬆感——內心的平靜與快樂。無疑的，這也使我的身體健康。

讓我們的心放鬆的情況之一，無疑地是觸及過去的慈愛和友情的態度。我們身而爲人就不會欠缺這種態度，這也不是從別處來的新東西。例如，人們說，當嬰兒還在母親的子宮中時，就能認出母親的聲音。認知母親獨特聲音的能力是自然呈現的，似乎是他生存的需求。因爲孩子對母親擁有自然親密的感覺，所以從一開始就認得母親的聲音。

舉另外一個例子。通常一個嬰兒牙牙發出的第一個音就是「媽媽」，這是一個很容易發出的音，因爲「媽」的音似乎喚起了親密的感覺。不需要太多的字，只要一個就能立即的傳達了解。無論如何，母親與孩子感覺到彼此之間共通的愛。孩子在母子間特殊愛的氛圍中誕生成長，這創造了美好和快樂生命的開始。

我們之所以說人都擁有愛和情的理由，是因爲它們自然且天生屬於我們的一部分，所以我們應該予以強化，而不是忽視或讓它們消逝。這是非常重要的，因爲愛是我們內心最根本的特質，是身爲一個人眞正可貴與重要的東西。一旦我們知道愛有多重要，就會珍視並強化它，雖然這個我們所強調的潛能是我們早已擁有的。

當一個人具化慈愛與友情的態度，他的行爲會變得可敬，我們也稱他是「一個眞正的人」。事實上，這是一個好人的象徵，而不是以他是不是修行人做爲標準。這也是快樂與和諧社會的根本。重要的是，我們知道這個事實，並且做任何事都能強化愛和關心他人的態度。

人類很自然的擁有這種慈愛和友情，因此，我認爲宗教的角色就是激起這個潛能，並讓這個美好的特質增長。這不就是爲什麼這麼多宗教的知見和哲學蓬勃發展，讓我們能夠不斷開展這種美妙而自然特質的理由嗎？簡言之，這是我們靈修的全部理由：成爲一個好人，有耐心、寬容、利他、慈悲、知足和自律的人。我們修行是因爲我們想要成爲這樣的一個人。

第三章

外相與實相

如同我先前所說的，在佛法的例子中，首先你必須用思考的能力，透過分析和檢視來進行。當即將確知實相的本質時，我們需要一個正確無偏的心理狀態。換言之，意思是心完全處於無虛僞不實的狀態，無論何時都與實相相應，稱之爲現觀。大體上，整個佛法，尤其是大乘法教中的菩薩道，現觀佔有非常重要的份量。所有我們追求成就的對象——較高層次的轉生、解脫、全知等，都是來自於現觀的結果。在邏輯學和認識論的研究中，我們談到現觀的間接果和現觀的直接果。①所有較高層次的轉生、解脫、全知，我們稱爲現觀的間接果。此處的基本論點是，只有在心無誤狀態的基礎下，才有可能成就解脫與全知。

①舉個普通的例子，如果你對火有現觀的概念，立即的果是你可以泡一杯茶，這是現觀的直接果。然而，這個觀也可以導致其他許多的利益，但是受到其他狀態干擾而間接與概念連結，因此高層次的轉生、解脫等，就被稱為現觀的間接果。

為了對實相的本質得到確切的結論，不管是諸法究竟本質的問題，還是諸法多樣性的問題，我們都必須找到諸法的內在是什麼，或其究竟的本質是什麼。了知這個是非常重要的，為什麼？因為我們的心平常狀態是被誤解的、是混亂的，我們認知事物的方式是錯誤的、扭曲的，所有這些我們都認為是眞實的，而這樣的情況持續引導我們陷入災難和失敗。例如，想像一下某人想要欺騙我們，如果我們一開始就知道，那麼他所策劃的東西，不論看來多麼眞實，事實上它的外相與實相並不相符，所以他根本沒有機會欺騙我們。既然事物的本質和我們對它的理解之間有這麼大的差距，只要我們相信事物顯現的外相，我們就會被欺騙。一般來說，假使某人處心積慮的想要欺騙我們，那是因為不管他對我們說什麼，我們都選擇相信，且取其表面價值，就像它所顯現的那樣。同樣的，不能只依靠事物的表相，我們應該探究事物究竟的本質，並明白它眞正是什麼。

微細的和明顯的無常

我們最深刻且不容易改變的信念之一，就是事物維持原樣一段很長的時間，例如一座山脈，矗立在那兒已經數百萬年，我們會認爲今天所看到的山與昨天和過去所看到的山是一樣的。執持先前與往後所見事物是一樣的，這種心態似乎是本能。當然，當我們談到事物顯現最明顯的方式，這是十分正確的。今天我們所看到的山已經在那兒幾個世紀了，但是，如果我們超越山脈所有持續的外相去檢視它的實相，會怎樣呢？例如，這些懸崖，在次原子的層次是不斷改變而且是流動的狀態，它們無時無刻不在改變。不管懸崖屹立在那裡幾百萬年，其物質聚合終有瓦解的一天。昨天的山依舊矗立在那兒，繼續維持著它們的外觀，但如果我們更精確的思考一下，山脈的次原子分子從昨天到現在已經起了很大的改變。事實上，如果諸法沒有持續的變動，我們所見到世上周遭一切的變化都不可能發生，也沒有一法不在時間到來時壞滅。因此，諸法似乎是這樣的，其所呈現的樣貌就如同過去一樣；但是從究竟的觀點來看，它們分分秒秒都在變動。

這裡所證明的是，我們所認知事物的方式並非它眞正的面目；換言之，事物所顯現的樣貌並不等於它的原貌。再舉個例子，我們可以選擇一個心中曾經有過的經驗，或是眼前所看到的這朵花。但不論它是內在經驗還是外在世界的實物，遲早都要壞滅或息止。這是一個事實，不必靠推理論證。花朵會凋謝、乾枯、死去，我們可以看到它的發生。這個壞滅和無常的連續過程是比較明顯的無常，我們可以直接用眼睛看到。因爲它的改變是片刻逐步進行的，最後導致物體的壞滅。如果事物不是片刻逐步改變，它就不會有終結的時候。

因緣

這個改變過程的關鍵是什麼？當我們談到持續性的改變，並不只是片刻間逐步的瓦解——這一刻碰到新的因素造成下一刻的瓦解，因此，事物在存在的第一時刻就瓦解了。這意味著，一開始形成事物的因，也就是它的本質，就是會壞滅的。諸法因其本質故會壞滅。讓我重申，我們的意思不是說：諸法一開始是因爲碰到某種生成因素而產生，之後碰到另外一個毀滅因素而壞滅。諸法生起的因，正是其壞滅的因。諸法成形之時，已經擁有壞滅的特質。這意指諸法形成的因，逐步轉變成其壞滅的因。

因此，以這種方式透過因產生的任何現象，都是依賴那些因。如果諸法是自生的，是自然就存在的，它們將是與生俱來而且獨立實存的。如果事物是與生俱來或獨立實存的，就不可能改變。但我們的確可以看到事物很容易改變，我們能夠看到它們是如何的依靠因緣條件。不論我們舉什麼例子，有形的物體或是內心的體驗，皆是透過因緣的力量而產生。

還不只如此，如果我們進一步思考細項，例如一朵花，它有許多面貌，譬如形狀、顏色、香氣、味道等等。如果我們談到這些事物的特性，此處，我們談到花的特性——花的形狀、花的顏色、花的香氣，以及花的味道。有了單一花朵這些主要特性的基本元素，我們才可以賦予它這些形狀、顏色、香氣、味道等主要的屬性。花擁有這些特性，這是事實。特性只能被賦予給某些基本元素，如有特性，必須有一些基本元素才能使這些特性被賦予。這些特性及其基本元素，彼此間似乎是不同的，但如果我們進一步細思，一旦我們去除它的主要特性，像是它的形狀、顏色等等，然後進一步去尋找該特性的基本元素，我們將無法找到。

檢視時間

這是一種類似的改變，我們從過去累積經驗，根據過去的經驗，在現在的行為中又發展出新的態度和做事的方式。所以發生在過去的事，在我們現在的行為中變得有用。但就現在而言，過去只是一個迅速掠過我們內心的念頭。如果我們尋找過去，它早已經終了，什麼也找不到，我們對它完全無法捉摸。

未來發生的事也一樣。我們現在的行爲是依據過去的經驗，同樣也會影響未來，對我們可能有益，也可能有害。即使如此，未來會發生的事也只是存在於現在我們心中形成的念頭，一個牽涉到即將發生的念頭。如果我們試著要抓住未來的一些事，我們會發覺並不可得。

因此，所有我們分類爲「過去」或「未來」的事，只是我們現在的概念而已，認爲已經發生或是即將發生的事。我們用「過去」與「未來」這個詞，如此我們才可以思考並談論，在這種意義下對我們才可以產生作用。不論好壞，事實上，我們很難從過去和未來找到任何可以指明的東西。我們現在所談論的也會立即如同過去發生的事一樣，只是一個記憶的對象而已；我們所談論的未來，也只是一個在我們內心生起可能發生的一種預測而已。除此之外，我們所說的過去與未來並不存在。

我們稱爲「現在」的東西，似乎是可以精確指明的，但如果思考我們所稱的當下，並把它放入稍早和稍後階段分析，將會發現，除了過去與未來，事實上並沒有所謂的現在。我們可以把事情從年分割爲月、日、時、分、秒；任何一件事到當前這一秒，必由過去和未來所組成，因此並沒有現在，不是嗎？很難找到或安立。

這也適用於我們的許多觀念，以及理解這個世界的方式。我們所創造的分類並非事物與生俱來的特性，而是約定俗成的標籤並透過語言來使用。它們是約定俗成的概念，源自於我們對於事物發生的過去和未來的想法。事實上，這是形成我們世俗觀念的來由。如果事物具有與生俱來的特性或獨立自存，有多少能夠存活？

這就是爲什麼佛陀在經典上說諸法以其名和世俗的稱謂而存在。他說，除了名相，它們就什麼也沒有了。

二諦：究竟和相對

佛陀初轉法輪教導四聖諦時，談到苦、苦的起因、苦的息止，以及導向息止的道。我們是如何與四聖諦相關聯的呢？「此是苦，汝應知；此是集，汝應斷；此是道，汝應修；此是滅，汝應證。」這是我們應該投入的，但是我們要問：這四聖諦是實存的嗎？不，不是的。苦必須了知，但是如果我們尋找並思維它，並沒有所謂的「苦應知」這個東西。苦因必須斷除，但如果我們尋找並沉思「集應斷」，也找不到這個東西。因此，當佛陀教導我們應該與四聖諦相關聯，斷除某些並修證某些時，這是它們呈現的方式，同時他也教導其中並沒有什麼需要斷除或修證的。

如果我們檢視五蘊，情況也是一樣，五蘊是依緣於業和煩惱情緒。以這種方式依緣，五蘊是無常的，並沒有眞實的體性，它們產生煩惱痛苦，是不清淨的。如果我們能以這種方式看待五蘊，便意味著我們對五蘊的理解是正確無誤的；如果我們看五蘊是恆常的、實存的、快樂的泉源、清淨的，那麼我們的理解將是錯誤的。另一方面，我們應檢視五蘊，並試著去尋找標籤背後究竟狀態的東西。在究竟的層次上，完全超越了正確與錯誤兩種見解，兩者都不存在。

因此有兩種樣態：一、事物呈現的樣貌；二、事物眞正的樣貌。從事物呈現的樣貌來看，我們把它們分成許多類別——山川、圍籬、建築、花朵等等。這些事物以及它們的作用，全都是因緣產生。它們也引發我們苦樂的經驗，可能對我們帶來利益或造成傷害。因爲它的「種子」，任何事都會產生「果」，這些事則以有利或有害的方式影響我們。

這些有利或有害現象的究竟方式是什麼？如果我們不滿意事物，只是因爲它所呈現的樣子，那麼我們深入一點觀察，結果什麼也沒看到。我們越深入檢視事物的原貌，其所隱藏的面貌就會慢慢出現，事實會變得越來越清楚。比方說我們在沙漠中看到遠方的海市蜃樓，如果它們眞的在那兒，當我們接近時，它會更清晰；但是我們越接近，它不但沒有變得更清晰，反而逐漸減弱並消失，我們終究什麼也沒看到。

整個現象界的情況也一樣，都是因緣在作用，不論好壞，彼此互相關聯。如果我們不滿意它們的外相，我們檢視它們的究竟本質、它們存在的絕對樣態、它們根本的本質，我們發現找不到。事物的外相並不等於它們眞正的本質。

因此，眞理的兩個層面即是：事物呈現的方式，以及事物眞正的樣貌。對沒有檢視諸法本質的心而言，諸法會呈現它的樣貌讓我們可以辨識。另一方面，如果我們不滿意表面的外相，而更深入地鑽研以確定諸法最原始或最根本的性質，所發現的便是所謂究竟的實相，或其最核心的本質。因此，對任何特定的現象，有兩個層面——表相的眞理，即世俗諦；和內在的本質，即勝義諦。在此基礎上，我們可以談論眞理的兩個層面。

對任何可能呈現或發生的事物，如果我們探究其外表底下的究竟特質，發現其本身有一個個別的本質，那麼我們可以說它是實存或是究竟存在。如果事物的實相就是它所呈現的樣子，那麼外相和實相是合一的，它的實存就是它所呈現的樣子。然而，事情並非如此，諸法的實相不是它所呈現的外相，因此它們並非實存。它們的外相和實相並不如一。這個不同是由於該事物是以錯誤的方式呈現，如果它們是以眞實無誤的方式呈現，就不會有這樣的差異。

這是何以諸法被說成是虛幻的且找不到它的實存性。它們的實存，也就是我們此處所辯駁的，是從來就不存在的。諸法的究竟本質就在那兒，但不能被安立爲存在。只要我們不去檢視，它似乎是存在的；只要我們一細究，它們就不存在了。

彌勒菩薩在《現觀莊嚴論》中有一偈「無一法可減」，②意指該駁斥的是實存，它不是一開始就存在之後經過推理而成形的特質；而是，諸法是且一直都是依緣於它們的究竟本質，因此它們始終都是空性的。如果它們不是空性的，它們首先就不能成形。現象爲了成形，必須依賴其他東西，必須依靠因緣。只有獨立的實體才不需要依靠因緣。

然而，實存並不是說事物先前已經存在過不久之後消逝。因爲諸法沒有實存性，所謂的空性或究竟層面並不是我們內心添加的新東西。

偈頌的下一句是「無一法可增」，這指出了實相的兩個層面：相對眞理或存在的世俗方式，另一個是絕對眞理或存在的究竟方式。這不是佛陀開悟而產生的結果，也不是凡夫的業力產生的結果，而只是諸法自然的樣貌。

因此，心檢視諸法的實相，因對其外相不滿意，此時即涉入檢視究竟的層面，我們稱爲「究竟心」。究竟心所找到的實相，稱爲「究竟眞理」。

「凡夫心」就不會對現象做分析檢視，當它檢視世俗層面所發現的眞理，稱爲「相對眞理」。「相對」這個詞，是指遮蔽或隱藏眞相的因素。也就是說，相對也用在無明上，它遮蔽了我們對於眞相究竟本質的理解，因此，從相對無明的觀點認爲是眞實的，但它卻遮蔽了我們對究竟眞實的理解，稱爲「相對眞理」。

空無自性

任何可能出現或發展的事物，不論是在輪迴還是涅槃，呈現在我們眼前就好像它是自性實存一般。但假使事物的確是實存，就像它所呈現一般，那麼據以命名或指稱的一些基礎便應該可以確定。而且，事物呈現的外相應與它的實相一致，否則就不是實存。但是當細究之後，事物的實相並無法像它的外相一樣被找到，這個事實顯示，即使它們化現，它們存在的任何特質都是空性的。

所以，空性的意思是「沒有自性存在」，空性（emptiness）的詞尾 ness 有「只是」的涵

②彌勒菩薩在《現觀莊嚴論》中說：「無一法可減，無一法可增。」

義。以這些例子，我們可以說這個究竟眞理就是空性。

如我們早已經見到的，我們所感知呈現在眼前的，就好像它是眞實存在一樣。不管是內在的經驗或是外在世界的東西，在每一個例子裡，諸法似乎是以我們所賦予它的世俗名相而存在。如果諸法確實以我們所認知的方式存在，那麼我們越檢視，應該變得越清楚才是。但是當我們檢視它們時，它們不但沒有變得更清晰，我們也無從找到它們。這是一個徵象，諸法並非以它的呈現而存在。

因此，諸法就我們認知它們的存在而言是空性的，它的實存是空性的，它的自性是空性的。外在與內在現象的存在也一樣是空性的，我們稱爲「自性空」。

在《楞伽經》中，佛陀說七種不同的意識都是空性的，相對於某物而言是空的。舉個例子，一個沒有和尚的廟，廟的空與沒有和尚是不同的情況。佛陀解釋這個比較少見的例子。

例如，對於空性，我們不用這樣的說法：諸如柱子是空的，像是瓶子；而是柱子本身就是自性空。有時稱爲自體空，藏文稱 rang tong，就是在描述空性。自體空是用來表示某物自性空的名詞，與除了自身以外的他空做對比。然而，自體空的意思並不是字面上的自己空。當我們說一朵花是自性空時，並沒有否認它是一朵花的事實。如果這朵花完全不存在，那麼它只少了一個因素：沒有種子發芽、成長、開花，也不會產生蓓蕾並結果，因此無法提供看到或聞到花的好惡感覺，或是手指碰到刺的刺痛感。

自體空涉及花，意指其自性空。想到花的自性空可能會認爲一無所有或掉入虛無主義的極端。我們應該了解所有特定的事物，因爲它的產生是由於其他的因緣，在無自性的意義上，它是空性的。因爲這個理由，所以說它是自體空。

因此，不管它是一種感覺或是我們所感知的眞正對象，在事物的外相和實相上總有區別。如果我們檢視事物的實相到底是不是它的外相，答案並不是。任何我們想要檢視的對象，根本找不到可以言說的核心實體，就是這樣！即使是尋找它極微小的次原子，也找不到。這似乎反映了與當代量子物理學相同的態度，不管你對物質探究得多深入，終究什麼也找不到。

諸法存在的方式

那麼，這是否意味著諸法都不存在？不，在某種意義上，諸法確實存在。諸法還是可以對我們產生利益或傷害。那麼，諸法是以什麼方式存在呢？任何事物，在世俗層面所扮演著某些功能的意義上是存在的，不管是正面還是負面的功能。它有獨特的性質，而且我們可以賦予它名稱。它存在，但這種存在不是因爲它有究竟或自性的實有，而這正是自體空的意思——諸法不擁有究竟或自性的實存。

所以，自性空不是意味著不存在，因爲諸法的確存在，它們有自己的特性。這整個討論有關諸法是否自性存在依賴於諸法有這樣的特性，如果它們沒有這種特質，我們便無須討論它是否爲自性存在。但即使諸法擁有獨自的實體，並不表示它們自性存在。

好了，你可能會問，那麼諸法到底是怎樣存在？諸法只是透過因緣的力量而存在，因此它們是透過依靠其他事物被標籤化或命名而存在，是依靠其他因素而產生。在許多經典和密續中，佛陀陳述諸法只有依靠除了它們自身以外的因緣而存在，因爲它們無法獨立自存或不依靠其他的因緣，佛陀教示諸法因緣生，也是自性空。

宇宙中沒有一物是自生或是擁有獨立自性，因爲每一個單一事物都是透過與其他事物的關係而生起，這證明如果沒有因緣，什麼事都不會發生。這些因緣可以影響事物，不論是有利的或有害的。如果諸法是自性有，因緣就不可能對它們產生任何影響。因爲現象非自性有，這表示它必須依靠因緣而產生。

根據佛陀的教法，所有這些能夠影響我們更好或更壞的事物，本質上都是易變的——不論是內在還是外在的，所有的事物事實上是只有依賴因緣才會發生，事物各種變化的產生也是由於因緣所致。除此之外，諸法沒有因緣是不會發生的。這是佛教對於諸法的解釋，也使我們認爲並沒有宇宙的造物主。

這個教法說明我們必須透過四無礙解③去檢視諸法的改變是由於因緣。如此，我們就可以知道一切現象的本質和特性，不管它是物質還是意識。

順便提及，我們在此並非談論空性。舉個例子說明，地大是堅固不曲的，而風大是輕微易變的，這兩種現象都具有個別的特性，屬於它自己特殊的特質，不是其他現象所能擁有的。但當它們的根本特質結合時，便激起了改變，這被解釋爲它們相互作用的結果。

每一個物質都有其獨特的潛能，當它們以不同的方式結合後，就會促使改變，提供一種功能，生起不同的潛力，引發事物用有利或有害的方式互相作用。地大是堅固不曲的，因爲它的本質如此，它會有一種特別的效用，不是嗎？一般來說，六大都有自己的特質，使其能發揮不同的

③四無礙解分別是：義無礙解、法無礙解、詞無礙解、辯無礙解。

影響力並提供不同的功能。當事物有不同的功能結合時，新的潛能又浮現了。

現在，當我們檢視任何特定對象，不論是內在還是外在的，我們應該已經知道它們的特性，也應該了解其主要運作的方式，而當它和某物互相作用時，我們也知道會產生怎樣的改變。以這樣的方式探究，如果某事對我們是有利的，我們就可以設法去達成；如果某事是有害的，我們便可以採取行動去消除。我們必須沿著這個線索去思考並得出結論。事實上，這正好把我們帶回到先前討論痛苦和快樂的問題。

很自然的，我們都希望得到快樂，遠離痛苦，也都有同樣的權利要離苦得樂。這是基於理性，畢竟我們有充分的理由要得到快樂。

第四章 意識

覺受與認知

當我們談到快樂和痛苦，主要是指感官的苦樂。連同這些苦樂的感覺，我們也必須思考引起苦樂的原因，所以讓我們來看一下覺受和感知。在極大程度上，覺受的生起是因爲物質。是有一個東西引起覺受，不論是樂受、苦受或捨受。我們說這是造成覺受的原因，但不必然意味著正是因爲這個特殊的因素，覺受因此而生起。其他的條件也必須符合，如果缺乏其一，覺受就不會產生。無論如何，覺受首先必須要有一些確實的基礎。

當我們談到覺受和認知，我們也在談意識——在覺知對象的意義上。覺知（awareness）這個字在此處不是指與凡夫心區別的本覺（rigpa），這在稍後我們會深入討論。①它只是對對象覺知而已。意識是這樣經驗覺受的：當我們接觸到一個對象時，接著我們覺知此對象，然後體驗樂受或苦受。然而，當我們覺知事物時，也會對事物產生概念：這是如此如此。這就是所謂的認知。

覺受來自不同的種類。有一種是每天的覺受，不論樂受還是苦受，這不是因爲我們思考的方式而引起的。例如，我的手撞擊到桌子而引起痛覺，我們會想：「唉唷，我撞到手了！」撞到手和疼痛接著引發心中不同的念頭，因此這是覺受的一個種類，是因外在環境而引起的。

還有另一種，包含了一些非透過五官接觸外塵所產生，而是因爲意識改變而引發的覺受，例如一些對過去記憶或未來念頭引發的結果。這個在我們意識或覺知層面的改變，會引發一些生理的覺受。如果我們加以檢視，是否意味：首先有一個想法、念頭、記憶，接著產生一些生理的改變，像是神經細胞的活化或腦中電化學的反應？還是念頭、記憶這些在我們的覺知中的改變，都是生理的或神經病理學微細的改變結果？這是個問題，我覺得這的確需要檢視。

一說意識的生起是由於感官，的確是這種依緣關係，但是如果說絕對沒有一種意識是和生理感官分開的，那麼要說明發生在我們日常生活的諸多事件將會很困難，尤其是禪修可以帶來身體上令人驚訝的改變，這些改變不是因爲一些藥物或是醫療過程。有一種身體上的改變是因爲意識的改變，因此，這對我們說明類似事物時會更方便、更簡單，如果我們解釋意識主要是依賴身體，但也能自己導致一些改變。如果我們對意識不能接受它有類似的角色，那麼許多的現象都無法解釋。

意識的定義

當我們談到覺受和認知，是專指有情眾生。當然，花朵和植物是有生命的，它們的化學成分與其他的生命型態類似，也受到出生、成長、死亡、壞滅的循環。雖然植物的細胞是有生命的，但並沒有覺受和認知。因此當我們談到知覺或意識時，我想有一個基本的定義是指能移動的有情眾生而言，即使是很小的昆蟲也展現了這種活動，牠們可以用身體的力量從一個地方移動到另一個地方。植物成長時會移動，也會因風雨而搖擺，但是卻不能自主的從一個地方到另一個地方。

---

① 達賴喇嘛是指大圓滿的修行。如同多竹千晉美天佩尼瑪所說：「一般來說，在大圓滿的教導中，甚深義且殊勝的層面是無止盡的。」重點就在凡夫心和本覺的區別。如同吉美林巴在《功德寶藏論》（*Treasury of Precious Qualities*）中說：「超越凡夫心的本覺，是自然大圓滿法的殊勝特徵。」（p.554）

因此當我們談到有情眾生時，意思是，除了生命的基本特徵（通常包含動物和植物）之外，還包括能自主的從一地移動到另一地的能力。有情眾生的定義是一個擁有意識的生命；若缺乏意識，即被歸類爲無感的或沒有生命的物質。

描述意識是根據其功能，意指知道或是認知對象，因此定義爲「清楚的和會意的」，或是「光明的和認知的」。如何解釋呢？此處，「清楚」是指對意識而言清晰生起的外相，這個認知是否等同於事物的實相並沒有差別。一個特殊的外境在意識中生起，伴隨著對其外表和特性的覺知。外相一直是有效而直接的，這就是「清楚」的意思，外相被清楚的反映。一旦對這個外相清楚之後，就會根據其不同特性產生「會意」或「覺知」，而對此外相有所理解。

例如，即使我們很快熟睡，在夢中仍有各種不同的感知，如色、聲、香、味、觸等覺受。我們的意識在夢中仍然會覺知這些無數的外境和其特性，這些全都出現在意識中，意識具有清楚和認知的能力，當這些經驗出現時，我們都可以根據它們各自的特性而意識到它們。

在我們生活的歷程中，事實上，我們經歷了意識的不同層面：從普通感官經驗的粗糙層次，到夢中意識的微細層次，這是感官的獨立運作，然後在熟睡時進入微細意識狀態。

至於意識的粗糙層面，如果我們舉個視覺的認知，若僅僅是眼睛和色相的互動，不必然會產生視覺的認知，必須有一個當下的因緣，意即心不能被其他的念頭轉移。如果心迷失在念頭中，眼睛和色相之間的接觸就不必然會引導出視覺認知。這就是爲什麼我們說爲了對外在色相產生清楚的認知或覺知，必須有第三個因素，即當下的因緣。

不論什麼狀況，任何認知或意識的動作，從微細的到粗糙的，都必須在連續的最微細意識續流的基礎下發生，這具足了覺知的能力，是清晰且覺察的。

生理物質的連續性

看看周遭的外在世界，由於特殊的因緣，當然就會改變或轉化，但仍像物質或事件一樣有一個潛在的連續性。我們可以拿一朵花或是任何人的身體做例子。組成這朵花或我們身體的物質，是連續性的一部分。每種情況都是依賴先前的狀況，可以回溯到宇宙形成之時。這朵花的潛力在宇宙形成之初，其最微細的部分便已經出現了。

佛教的宇宙論談到四個時期或劫，宇宙系統的歷史有：成、住、壞、空四劫。在空劫時期，有「空粒子」存在，這些微粒就像建築塊一樣，新宇宙所有生理物質由此形成，包括人的身體。

無論如何，生理物質必須來自於有相似特性的東西，換言之，必須先有一個具有生理物質的東西。回到意識，它是非實體的，無外觀、顏色、形狀，除了有經驗的能力之外，意識什麼也不是，而且意識也必須從一些類似的東西產生。意識在表面上改變了，但這些改變的底下是一個連續體，是清楚和了知的基本能力，是從稍早的同樣能力產生出來的。

讓我們回溯物質的連續體。我們可以用一個簡單的例子說明：在我前面的這朵花是來自一顆種子，那顆種子來自另一朵花，花又來自個別的種子……等等，我們幾乎談到了這朵花的「前世」。在比較微細的層次，花只是一個連續體，但是花當然也歷經了各種的化現。根據特殊的因緣，花在外觀上會改變，從一個化現到另一個，可能會變不同的顏色或是不同的大小。如果我們能夠追溯花的血統，就會找到一個類似型態的連續體。這是無生命物質進化的情況，透過生理物質的循環，一個化現接著先前類似的化現而生。

然而，這個物質的連續體未能說明我們的意識經驗，也就是覺受和認知的能力。如一般所見，我們現在所擁有的身體是意識的支柱，是根據先前類似型態的因，且源自生理物質的連續性，是從宇宙形成之時就出現的。雖然意識是依靠這個粗糙的身體，但我們很難說意識是源自相同的物質連續體。我先前已經解釋過，更可能的情況是，意識是來自於微細的意識連續體。②

意識的微細程度

意識的微細程度，取決於支持它的細微狀態。支持越細微，意識的程度就越微細。例如，醒時的意識較粗糙，其運作是依據粗糙型態的氣能量。夢中意識會比醒時的意識微細，也是依據相對較細微的氣能量運作。當我們昏倒或暫時失去知覺時，氣能量只有非常輕微的運作。因此，我認爲是有可能根據它們個別支持的不同，來說明這些意識的變化。

在任何情況下，當我們接觸到意識最微細的層面時，某些程度上仍要依靠著身體，但本質上它是獨立的。這是經過某些禪修者的經驗所支持。當然，我不認爲所有我們聽到關於這些的東西都必然是眞實的，可能有些錯誤或是誇大其詞，但有些人明確的聲稱他經驗到所謂的「睡夢身」，那是截然不同於平常的肉體身。我知道有一個人，他的母親有這種經驗，而且接連幾天經歷「出體經驗」，事後她做了清晰的描述。這的確發生過。人們經驗過出體旅遊，而且能夠描述出體後發生在遠處的事，這顯示心依賴身，但並不是絕對的。在某些層次上，當我們碰觸到意識

② 達賴喇嘛關於這個主題的解釋，一九九一年曾在紐約給予這個法教，索甲仁波切在《西藏生死書》（pp.93-94）中有引述。

的最微細程度時，它能獨立運作，心可以獨立於粗糙的肉體身之外。

意識的連續性

如果做個總結，在無生命物質方面，存在一個類似型態的連續體。至於有情眾生則是有一個構成身體的生理物質連續體。然而，與身體視為一體的意識，必須單獨的看待。如果不是這樣的情況，我們可能與父母分享相同的意識經驗。我們的身體是由父母的精卵發展而來，易言之，是由他們的肉體身延續而來。如果我們的意識也是由同樣的生理物質發展出來，就會和我們的父母一樣，會分享同樣的經驗，但情況並不是這樣。

在肉體身的例子，可以說和無生命物質類似，在此範圍內是依據生理物質的連續性而發生。但我們必須說，意識依賴此肉體身的狀況是不同的。

如果我們試著查明生理物質連續性的明確起源，會變得非常含糊難解。同樣的，我們也很難論斷意識的明確起源，它被定義爲清楚的、認知的，是經驗的基本能力。如果我們論斷生理物質或意識的起源，就很可能把起源歸於某種不同本質的東西，或是歸於沒有一個原因。兩種可能性都無法令人滿足，同時也經不起邏輯檢驗。

當我們用「有情眾生」這個標籤時，主要是根據意識為基礎。「人」或「動物」這個詞，主要是用在區別身體的型態。但當我們說「有情眾生」或「人」時，我們是在談論一件事，也就是有體驗苦樂的能力。我們對於「我」或「自我」的觀念，主要是與我們的意識續流有關。如果肉體身是這個自我感覺的基礎，我們也可能把無生命的對象視為有情。所以，是感覺與認知事物的能力區隔了有情眾生和無生命的物質，這使得它們有所不同。

在有情眾生的例子，「我」或自我的感覺被視為與意識續流為一體的，因為我們無法論斷此意識續流的起源，同樣的，我們也無法談論自我或個人的起源。因為沒有任何東西能夠阻斷意識續流，且意識續流也沒有終止。事實上，意識續流是無始無終的，因此，個人或自我也視為和意識續流一樣無始無終。

然而，我們看到這連續體有留一些變化的空間。其原理就是有一個連續性，但卻是不斷改變。舉我們此生所擁有的身體為例，誠然，身體有一個連續性，不管年齡如何，其中有一個相同的身體，但變化卻一直在進行。對一些人，我們會說他們年輕，一旦他們的年齡增長，身體的外觀也改變後，我們會說他們年老。所以有一些改變的特徵，但它有一個連續性，讓我們可以把這個人生命的不同階段連結起來。在同一時刻，它擁有連續性，但同時也在改變中。

同樣的，在意識續流方面，在我們年輕和年老之間有一個連續性。同時，我們的生命中會有一個階段懵懂無知且學習不多；接著當我們受過教育，這個意識續流就會變得充滿智慧和經驗。這樣，我們就可以識別意識續流中的不同階段和時刻。從宏觀的觀點來看，可以說，如同有一個無明的階段和一個智慧的階段一樣，也會有一些時候意識是和身體所連結，有些階段意識卻和其他的形體所連結。我們也可以談談不同階段意識續流的特質：它會受到不同程度的遮障，類似的煩惱情緒也會不同。不管是人、動物、還是其他眾生，都有不同的意識狀態，當負面的情緒慢慢減少並消失時，正面的與建設性的特質就變得強大。很顯然的，我們可以從一個狀態到另一個狀態，從世間人無明顛倒的狀態到逐漸覺悟的狀態，直到最後成佛——彰顯佛性的全知狀態。我們的意識也一樣，呈現出「連續性」與「變化」的雙重特性。

第五章

克服苦因

四聖諦

討論至今有兩個觀察點：

- 在我們的認知和實相之間有一個差異，事實上，諸法是自性本空，而且是依照因緣法則依緣呈現的。
- 有一個自我或個人被視為與意識續流一致，並體驗苦樂。

這兩個觀察點非常自然的引導我們到佛陀的四聖諦法教。自我被視為與意識續流一致，有體驗感官的能力——厭惡不愉快的感官、貪戀愉悅的感官，對此有自動起舞的能力。但只是不喜歡痛苦並不夠，我們必須積極的消除痛苦，並藉著消除痛苦，帶來永恆的快樂。在四聖諦中顯示，這是可能成功的。

- 「苦諦」是指所有我們不想要的痛苦，它的發生是由於因緣的結果。這些因緣是什麼？
- 它們組成了我們所謂的苦因——「集諦」。這個起因有兩個層面：(1)業；(2)煩惱情緒。業的意思是指「行爲」；煩惱情緒是指驅動我們行爲的心理狀態，苦惱著我們，阻礙我們找到內在的平靜。
- 如果我們要完全消除這種痛苦，在「滅諦」中，我們將找到眞正而恆常的快樂。
- 眞正、恆常的快樂必須透過消除應該去除的煩惱，它不會自己發生，只有透過創造因緣才會發生，換言之，要透過努力。由於透過努力是唯一的成功之道，所以我們談到「道諦」。

這是對四聖諦的解釋。因爲它們涉及到緣起，必須依循因果法則。如果我們尋求快樂的目標，我們必須確定會導使我們快樂的因；如果我們尋求避苦，則必須確定可以滅除苦因。當我們說痛苦是來自於它的因所產生的結果，這意指痛苦受到緣起法則的支配，就像任何的事物一樣。諸法都是因緣而產生。

所以，集諦擁有兩個面向：業與煩惱情緒。業或行爲，是指以明確動機實踐的行爲。一旦有一個與意識續流一致的自我，就會有概念或想法，以此爲依據的概念會有不同的動機。這些不同型態的動機創造了其各自的因緣，行爲的實踐又創造了新的且更多的條件，變成因果法則的一部分。重點是，以特殊動機採取的行爲會以特殊的方式影響到因果的程序，因爲行爲背後的動機是唯一的因。不同型態的動機會產生不同型態的結果。

導致痛苦行爲的動機就是煩惱情緒。

三苦

當我們討論苦諦的痛苦時，不是只談論痛苦的感覺而已。痛苦的感覺是指明顯的疼痛，或是說「苦苦」。雖然如此，所有我們普通的、有漏的快樂感受，本質上也是痛苦的，這就是所謂的「壞苦」。這兩種痛苦來自哪裡呢？這是業和煩惱情緒的結果，控制支配著它們。我們受制於業和煩惱情緒，就是所謂的「行苦」。

所有這些痛苦都是平常正面或負面有漏行爲必然的結果。順帶地，也有一些無漏的行爲，它們不會永存於輪迴中，但它們形成不同的類別。如果我們界定討論範圍在有漏的行爲上，就有三種型態：無功德的、有功德的，以及不退轉的。①這三種型態的行爲其運作如同因緣，接受特殊動機的指令而行爲。

此處，動機就是苦因：貪、瞋、痴三種煩惱，這些煩惱的根源就是根本無明。事實上，這就是十二因緣的第一支，對於實相本質顚倒的無明，這個無明是根本。但在其上有一個更深的迷妄，是對於因果的無明，是它驅使我們累積無功德的行爲，然後歷經苦苦，最後轉生惡道。這種型態的痛苦是最猛烈而且是最可怕的。

我們已經對因果有一點了解，因此我們已從這個額外的迷妄中解脫，但仍然受制於根本無明的力量，使得我們對於實相的本質顚倒。在這種情況下，我們累積有功德和不退轉的行爲，最後會導致轉生善道。易言之，這種行爲會帶來善趣的善因緣；但它們仍然在壞苦的範圍中，尤其是更在行苦之中。

對實相顛倒的無明

所有這些到最後都歸結到無明或錯覺，意思是對於實相本質的混淆。實相的眞正本質，或如是，就是我們先前所稱的究竟眞理。我們已經認知了兩個層次的眞理：事物的顯相和實相。此處，我們不是在談論事物的顯相而是實相，也就是它們究竟、絕對的本質。那麼，什麼是諸法眞正的本質？它們是空無自性的。但這並非事物對我們顯相的樣子，也不是我們認知它們的方式。諸法——從我們內在的經驗到外在世界的現象，對我們呈現的是獨立實存的，心視這些表面的價值爲究竟實存，這種情況我們稱爲「對實相顛倒的無明」。

如我們所見，這個執著實有的迷惑，是煩惱情緒的根本，是心的錯覺狀態。心認知事物的方

① 不退轉的行為是指色界四禪定和無色界四空定。之所以稱為不退轉，是因為它們只會轉生在色界或無色界，而不會退轉到其他的界。

式並非針對它們的實相。然而，這並不只是無法認知諸法實相這麼一件簡單的事而已。雖然在實相上，諸法自性本空，凡夫心認知它們，以爲它們的確是自性實有。此處我們所面對的是一個完全扭曲和錯誤的觀念。

在錯誤認知諸法實有的凡夫心和認知諸法自性空的清淨心之間，沒有絕對的差異，而只是兩種完全相反的認知模式。當錯誤認知諸法實有的傾向在心中強烈的確立時，因爲我們是如此的熟悉，這幾乎是自然而本能的。我們只要一看到某事物就會自動的想：「它確實在那兒，它確實存在。」但那只是我們的假設。我們越是思考事物的眞正本質，這種假設就會變得越不清晰；我們越是專心的檢視諸法，這種誤解就會變得越不確立。

我們的反應幾乎是即時的，會對自己說：「當然這是眞的，它就在這兒。它確實可以對我產生利害，它有作用。」我們只是取事物的表面價値，並相信事物的表相。如果這是對事物的眞正理解，那麼我們越是檢視它們，其眞實性就會變得越清晰。但情況並不是這樣。因此，我們視諸法爲實有或自性有的觀念，只是被熟悉給強化了。一旦檢視諸法並加以試驗，它就無法支撐。諸法只能給我們一個確定的外表，卻無法給我們深刻而眞正的信服。

認知諸法實相不同於諸法顯相的心，與認知諸法實相就是其顯相的心，是有差異的。雖然認知諸法非實有的事實與其外相並不符合，但當你檢視看看是否與諸法的本質一致時，就會發現這相當確定。因此這兩種認知的方式，在根本上是不一致的。一個是靠有根據的推理支撐，另一個則否。凡是靠著推理論證的，我們越習慣去思考，就會變得越加強化。

兩種煩惱，兩種對治

現在回到煩惱情緒，我們可以將煩惱情緒區別爲兩種類型：

- 與知見連結的煩惱（見惑）
- 非與知見或信念結合的煩惱（思惑）

例如，瞋恨與貪欲就不是由於見惑所起的煩惱。身見、邊見、邪見是屬於見惑。②這些也通

② 五種見惑分別是：身見，意思是視五蘊為「我」或「我的」；邊見，意指常見和斷見；邪見；見取見；戒禁取見。

稱爲見思惑，因爲它們沒有能力對諸法的了知產生確定的程度。

兩種煩惱的區別——見惑和思惑，將很自然的反映在它們各自的對治上。例如，以慈悲觀對治瞋恚，以不淨觀對治貪欲。用這種功能作爲對治，因爲它們是完全與這兩種煩惱情緒對立的心理狀態，也就是我們所稱的對治觀。當我們禪觀慈愛對治瞋恨時，是透過慈愛來抑制瞋恨。這是對治情緒的一種方法，但與完全消除煩惱情緒的對治是不一樣的。

因此，兩種不同的對治方式是可以辨別的：一種是壓制情緒的對治，一種是消除煩惱的對治。在這個例子中，慈愛可以消除我們的瞋恨心到某種程度，所以是一種對治觀。但瞋恨的眞正根源是無明以及執著於實有，歸結爲見思惑，因此爲了去除我們的見思惑，我們必須運用無我的智慧來對治。

不論是希望幫助他人快樂的「慈」，還是希望他人免於痛苦的「悲」，都不是植基於對無我的了悟。這就是爲什麼他們無法根除見惑煩惱的原因。

心的無限潛能

在此同時，還有一個面向必須了解。愛、慈悲、了悟無我，都是心的特質，都是以心為基礎，因此不像運動競賽、體能或技術，是以身體為基礎的東西。如果我們視一項活動像煮開水，熱的產生是因為粗糙的物質元素，而心的特質並不依賴粗糙的生理物質，這其間有非常大的差異。財產是依賴生理物質，像是水的煮熱或是我們的體能和技術，無法發揮到無限，而是被迫限制在它們所賴以依靠的身體基礎上。一旦水離開沸點，就會再度冷卻，熱能也會消失，不再繼續增熱。相反的，依賴意識的特質可以無限制的發展，其所依恃的支柱不會退化，而是無始無終的。意思是，如果我們努力開發內心的某些特質，它們將會持續。

當然，在修行中，我們應該開展某些正面的經驗，但是如果沒有透過串習去加以穩定，將持續不到幾天、幾週或幾個月。它們就像我們的體能一樣，若不加以訓練就會消失，也像水離開沸點就冷卻一樣。然而，一旦我們設法達到某種程度的穩定，我們想要開展的正面能量將自然地成為心的特質，接著它會保任，即使不需任何作意也會成為我們的一部分。這就是開展某一特質到極致的地步——對某一特質變得非常熟悉，幾乎不需要運用任何的作意。

我們的體能會衰老而且失去力量，雖然使用所有抗老化的面霜或藥丸，以及各種回復青春的治療，但慢慢的，皺紋仍會蔓延在我們臉上，我們的頭髮也會變得灰白。不管我們如何保養自己的身體，終將會變老，我們無法阻擋這個過程。但是意識，心的某些狀態在經過多年之後，對我們而言依然熟悉，而且在我們年老甚至病苦時還會繼續。如果我們總是喜悅而且平靜，即使年老時，我們依然可以喜悅而平靜。所以，身體的特性終究會慢慢消失，不管我們多麼努力去維護；但是心的特性，如果我們眞正訓練並串習，將會持續很久，只要心繼續，它就可以維持。因此，我們說心的特質可以漫無限制、無邊無際的發展。

無明和煩惱可以淨化

意識本身定義爲「清楚的和會意的」，完全沒有任何錯誤或瑕疵。當散亂的念頭生起時，我們會對自認爲好的對象產生執著、不好的對象產生厭惡。在這些念頭的背後，是我們的心相信這些對象一如其外觀是眞實的，這才是過患。

然而，執著諸法爲實有的態度並非心的本性。如果是的話，心就無法從執著、厭惡和無明之中解脫；但心並不是這樣的。心的本質是認知和覺知的能力從來不會被染汙，也就是一般所說，「心的本質是清淨光明。」③

接著我們可以說以下兩點：

- 心的本質是清淨光明
- 染汙只是暫時的

此處「暫時的」，並非指這些染汙之前不存在，然後又突然消失了；而是說透過強有力的對治，這些染汙是可以移除的，且無法以任何方式汙染意識在認知和覺知的能力。

此處的關鍵點在於根本無明是可以淨化的，我們可以予以終止。透過終結根本無明的因，也就是根本無明的根源，我們就可以結束根本無明的果，也就是痛苦。換言之，因爲我們已經確立根本無明可以透過強有力的對治而去除，這意味著因它所引起的所有不必要的痛苦也都可以去

③引述自《般若經八千偈》（*Eight Thousand Verse Prajñaparamita Sutra*）。

除。基本上，無明是業與煩惱的因，它們依次產生，而了悟無我的智慧是對於無明的強有力對治。

在某種意義上，結果如何並不是這麼重要。當我們能運用一些強有力的方法摧毀它的根本原因時，它的果也被消除了。爲什麼？因爲果是依靠因。運用強有力的對治之方可以去除因，一旦因去除了，緣於因的果也就停止了。這就是何以將此稱爲滅諦的原因。

通常，滅諦是在我們的意識續流中；尤其，滅諦是指解脫的美妙特質，已經去除了煩惱。畢竟，我們並不想要痛苦，當我們能運用對治方法去除痛苦的因，解脫帶給我們的確實是美妙的特質。當擺脫了我們確實不想要的東西時，那是非常可貴的。這是一個徵兆，不應該稱做是感官上的喜悅，而是一種眞正的、恆常的快樂。

解脫與了悟的特質

稍早我們談到導致快樂的滅諦和道諦，其組成就是所謂的法寶。逐漸地，按部就班的，我們開始對治粗糙而明顯的垢障，並穩定地運用更有力的對治方法。首先，我們直接對治內心的染垢，最後它們不再生起。接著，我們要去除隱藏的習氣。慢慢的，我們開發出一種特質，可以在這些垢障和它們的種子中解脫。直到我們已經去除了所有的煩惱和該消除的一切，得到所有的特質之後，繼續往更高層的修行道路前進。

這意指有一條「修學道」，最後進入「無學道」，那時我們已經消除所有煩惱，並了悟覺醒之道，已經不再需要做進一步的修學。根據大乘佛法，當我們去除了煩惱障、所知障以及煩惱情緒背後的習氣，得到究竟解脫時，也就達到成佛的境地了。還沒有達到這個階段以前，你們必須修習消除所有的垢障，開始是面對最粗糙、最明顯的，從垢障中解脫，從第一階微細的解脫，再增加到更深一層的解脫。從你爲了息滅染汙開始實踐道諦的那一刻，你就可以稱做是「修行僧團」的一員了。

因此，把這些思路串在一起，修行的僧寶以及覺悟的佛寶，兩者都是起因於法寶，也就是滅諦和道諦。當我們談到僧寶和佛寶時，我們不去分別他們的外相是多麼莊嚴、他們坐的法座有多高、或他們的法帽有多奇特。僧寶和佛寶是根據他們心識續流中無染特質的呈現來說的。因此，法寶事實上是最重要的。因爲有法寶，才有修行的僧寶；有修行中的僧寶，才有成就的佛寶。

如果我們眞正去思維，佛寶不只是指歷史上的釋迦牟尼佛，而是要根據特質來解釋：已經從煩惱中解脫且具有了悟的特質，這是一個至關重要的了解。在這樣的見解下，我們才可以看出法寶是三寶中最重要的。根據法，產生了僧伽，一旦修行成就達到究竟解脫，就創造出無學道的僧寶，也就是佛寶。

如果我們僅僅根據莊嚴的外相來解釋佛，當然他的頂上有肉髻，那是我們所沒有的。此外，釋迦牟尼佛只是一個比丘，如同龍樹、提婆和他的追隨者一般，因此，與今天的許多喇嘛比起來，他們似乎沒有太特殊。我常開玩笑說，在過去西藏人們判斷喇嘛或祖古，是根據他有多少馬匹和隨從。當一名喇嘛有一行列的隨從時，人們會認爲他是一位大師或重要的轉世祖古，會以馨香和各種禮物供養他，並且大肆吹捧。但是如果一個簡樸的朝聖者出現，像是一個眞正博學的成就者巴楚仁波切，④最好的狀況是可以得到一點烤麵粉，除此之外沒人會理他。一旦他離去繼續上路，如果發現某人遺失了東西，他們都會說：「喔，一定是那個朝聖者拿去的！他看來就像是卑鄙的人！」

法的特徵

通常，當我們談到三寶——皈依的三個對象，是以「佛、法、僧」的順序被提及，這反映了三寶依時間先後而排列的順序。佛是法的導師，最先出現。接著，在成佛後他轉法輪，因此出現了法的傳承。他的弟子將這些教法帶入修行並實證了法。當他們慢慢獲得道諦成爲聖者，⑤僧寶於焉產生了。因此，我們以佛、法、僧的順序來談論。

當我們談到法，也就是佛陀的教法，我們知道這主要是關係到涅槃或成佛。事實上，你可以說佛法定義下的特徵就是涅槃，它被形容爲「超越痛苦的平靜、去除煩惱的無上解脫」。三增上學戒、定、慧的修行，能讓我們得證涅槃，同時也是佛法的一部分，但我們至高無上的目標是獲得解脫，也就是究竟的善。雖然這是我們究竟的目標，爲了達到這個目標，我們尋求在輪迴中轉生到善道；⑥但這只是暫時的目標，是有益於達到究竟目標的一個方法。

因爲獲得較高層次的轉生只是暫時的目標，因此在佛陀的教法中也出現達到這些目標的方

④巴楚仁波切（Dza Paturl Rinpoche，1808-87），十九世紀最偉大的西藏大師之一，他的著作《普賢上師言教》（*The Words of My Perfect Teacher*），在西藏文學著作中擁有最廣大的讀者群。他的傳記請參看紐修堪布仁波切《藍寶石——大圓滿傳承持明源流》，pp.223-38。

⑤聖者（arya）是指對實相的本質有直接的了悟，以及超越輪迴的人。

⑥輪迴的善趣是指人道和天道。

法。但我不認爲他們是佛教眞正的特色，因爲獲得較高層次轉生的類似教法，在其他宗教也可見。例如，不殺生的教示，包含在佛教避免行十不善業的教條中，教導我們必須不殺生、不偷盜、不邪淫等等。但是不殺生這一項不必然是只有佛教才有的修行。不得殺生的禁令在其他宗教也可以發現，甚至在世俗的法律中也反對殺戮，它卻無涉宗教或靈修。要記住，佛法的首要總是與解脫有關。如果你留意避免行十不善業，可以轉生善趣，但是如果你想獲得解脫而特別做此修行，那麼它就變成佛法。這就是爲什麼我主張佛法主要是關係到涅槃。

那麼什麼是涅槃？當我們說涅槃意指超越悲痛，主要是指超越了苦因，也就是煩惱。如我們所知，諸法都是空無自性，執著諸法爲實有便是無明，那是輪迴的根本，使我們流轉於輪迴大海之中。從輪迴中完全解脫的根本是自性涅槃，也就是諸法本來空無自性的事實。因此，有可能得證涅槃的理由就是因爲它符合諸法的眞正本質，我們稱爲自性涅槃。我們可以從輪迴中得到完全的解脫，因爲我們在這裡的理由是由於對諸法眞正本質的迷妄。

由於自性涅槃之故，而有不同類型的涅槃：小乘涅槃，分爲有餘依涅槃和無餘依涅槃；大乘涅槃，我們稱爲無住涅槃，意指超越了輪迴和小乘涅槃的有限定境。⑦

如我們所見，我們可以藉著對治之方去除煩惱，亦即我們也可以運用對治的方法去除煩惱背後的習氣。

證得涅槃也可以稱爲降伏四魔或障礙力。四魔是煩惱魔、五蘊魔、死魔、天魔。⑧當我們提到佛陀，在梵文中稱 Bhagavan（薄伽梵），藏文稱 Chomdendé，這是因爲他「已經降伏（chom）了四，並擁有（den）六」。⑨最重要的是他已經降伏了四魔。相反的，阿羅漢只降伏了四魔中粗糙的部分。在這四魔中，最可怕的障礙力量是煩惱魔。終究因爲煩惱魔，使得我們無法擺脫死魔的宰制。

因此，認知到煩惱是我們眞正的敵人，並加以對治，看看它們畢竟不是讓我們沉迷的東西，而是要加以克服的東西，這些是佛法的特點，這就是佛教。有些人不認爲煩惱是敵人，反而沉溺

---

⑦根據巴楚仁波切的解釋，中觀傳統對涅槃有四種說法。自性涅槃是現象的本質，超越了所有概念式的論述。無住涅槃是佛和菩薩的涅槃，超越了輪涅。有餘依涅槃是阿羅漢的成果，已經超越了痛苦，但還沒捨棄精神上的蘊，繼續體驗過去的業果。當阿羅漢捨棄心蘊並進入止滅界時，就證得無餘依涅槃。

⑧四魔分別為：五蘊魔，指五種身心的蘊集；煩惱魔；死魔，指死亡；天魔，指散亂、貪欲和執著。

⑨四是指四魔，六是指六種德行：(1)圓滿的權力，可以掌握他所想要的；(2)圓滿的身相；(3)圓滿的財富，像是隨從無數；(4)圓滿的名聲；(5)了知諸法的圓滿智慧；(6)利益眾生的圓滿精進。Chomdendé 最後一個音節 dé 的意思是超越，意指佛陀超越了輪涅兩端。

於其中，這不能算是眞正佛法的修行者。

在佛法的不同乘中，「因乘」、「吠陀苦行乘」、「無上乘」，⑩都提供了對治煩惱之方。對治的方法是不一樣的：不管是直接對抗情緒，或是透過利益他人的方法轉化，或是透過認知事物的本質而解脫。然而，所有這些不同的方法在對治煩惱的效果上都一樣。

可見佛法主要是認知煩惱是我們眞正的敵人，然後加以對治。因爲我們說佛法是爲了得證涅槃，那麼到底是什麼東西阻礙我們得證涅槃？是煩惱情緒，因此必須降伏並克服它們。只要我們說涅槃是究竟的目標，意思就是我們不只要認知阻礙我們得證涅槃的煩惱，而且要熟知它們的運作。然後，運用對它們運作的了解，無論如何不能對它們屈服。

克服煩惱的三階段

提婆解釋了修行的方法，他是龍樹的弟子，在他的《四百論》中說：

先遮遣非福，

中應遣除我，
後遮一切見，
知此爲智者。⑪

1. 避免不善行

我們的主要目標是得到確切的善，但阻礙我們達到此目標的是煩惱情緒。然而，我們不能只是對治這些煩惱，並且只是在一開始去移除它們。我們必須在日常生活中修行，並終生爲之，以便完全從煩惱中解脫，所以我們首先要做的就是確保轉生善道，以作爲修行的基礎。這就是爲什

---

⑩「因乘」有聲聞、緣覺、菩薩乘。之所以稱為因乘，是因為它們引導我們沿著道路從輪迴中解脫，捨棄所有會引起痛苦之「因」的煩惱和行為。「吠陀苦行乘」即是所謂的外三部密續：事部、行部、瑜伽部。之所以如此稱呼是因為它們強調苦行，像是淨化的儀式，在這方面，它們的行為類似婆羅門的吠陀傳統。「無上乘」即是內三部密續：瑪哈瑜伽、阿努瑜伽、阿底瑜伽。之所以這樣稱呼是因為它們涵蓋了強而有力轉化諸法為清淨平等的方法。參看增喀仁波切的《九乘簡述》（Zenkar Rinpoche, *A Brief Presentation of the Nine Yanas*）。

⑪提婆（Aryadeva），《四百論》（*Four Hundred Verses*. VIII: 15）。

麼一開始我們就要修行十善業，避免十不善行，這是讓我們轉生善趣的方法。「不善行」是指十種負面的、不道德的行爲。我們必須禁絕這些不道德的行爲，亦即避免煩惱所激發的負面行爲，其結果會使我們轉生善道。這是第一個階段。

2. 消除我執

接著在第二階段，因爲解脫是透過對治煩惱而獲得，要處理這些煩惱，我們需要非常的技巧。當然，煩惱有許多不同的型態，對治每一種煩惱可以用不同的方法。前面已經說過，有一些對治之方可以迎面挑戰煩惱情緒，在一時之間壓制它們或減低它們的強度，但卻無法連根拔除煩惱。如果我們深入觀照煩惱的根源，運用方法對治這根本的原因並拔除，將發現同樣的對治方法會自動地轉移所有其他的煩惱，不管是粗糙的還是微細的。而煩惱的根源是我們妄執實有，《四百論》說「中應遣除我」，換言之，我們必須藉著禪修無我的智慧去除我執。

3. 證得遍一切智

提婆在第三行中說「後遮一切見」，指出我們不僅要去除煩惱，還要去除煩惱所引發的習氣。光是去除我們的煩惱就足以達到善的境地，也就是解脫；但是要達到善的究竟地步，也就是全知的境地卻仍然不夠。要達到遍一切智，我們還必須清除一切的所知障。這就是爲什麼說「後遮一切見」，意思是我們要開發空性正見，藉著大量累積福德以對治所知障，意指我們必須去除所有的見惑和習氣。如果你以這樣的方式修行，提婆說「知此爲智者」。

大乘和小乘

有兩種煩惱是需要去除的：煩惱障和所知障。如果只是把焦點放在捨棄煩惱障——從煩惱中解脫成爲阿羅漢，這就是一般熟知的小乘，也就是聲聞乘和辟支佛乘。這是一種方法，優先尋求個人的解脫，這個道稱爲小乘。

還有另外一個途徑，是把小乘當作基礎且更進一步對治所知障，包括隱藏在煩惱障背後的習氣。這是尋求遍一切智和佛性究竟層次的方法，我們稱爲大乘。兩種情況，乘的意思是指沿著道路前進的方法。

當我們談到大乘和小乘，是根據發心的比重、修行的程度和獲得的結果而言。小乘這個詞不是用在小乘本身的教法，而是只出現在菩薩乘的經典中，因爲大乘與小乘比較起來有許多不同——發心的廣大、六度萬行的廣大、果的廣大。這個基礎乘和大乘比較起來似乎稍小了點，所以稱爲小乘。

但小乘這個詞並非刻意貶損。有時大乘的追隨者似乎會主張大乘優越，而摒棄小乘爲次等。人們對小乘也會做這樣的價值判斷。但情況完全不是這樣。小乘是從上座部衍生而來，是早期佛教十八部派中的主要一支。⑫把小乘視爲是次等的，是個嚴重的錯誤。事實上，小乘的教導是菩薩乘的基礎，大乘則是植基於聲聞教法之上，兩者之間是絕對分不開的。

根據一個對不同乘分類的方法，分爲三種：聲聞乘、獨覺乘和菩薩乘。更簡單的話，可以分爲兩種：小乘和大乘。在大乘中又分爲因乘和果乘，果乘又稱密乘或金剛乘。在雪域西藏可以看到佛陀教法的完全樣貌，也就是小乘、大乘和金剛乘。

《密集金剛本續》（譯註：漢譯為《佛說一切如來金剛三業最上祕密大教王經》）中說：

外層上，保持聲聞的戒律；內層上，喜悅的修習密集金剛。

這段引述的話中顯示，一個人在外層行爲上堅守小乘的戒律，在內層裡則跟隨菩薩道，在密層則是運用金剛乘。以這樣的方式，一個人可以同時修習小乘、大乘和金剛乘。

三種智慧

當我們把所有層次的教法像這樣放在一起時，也必須結合修行的方法。如一般所說：

博學不保證你能清淨如聖者，清淨也不保證你能精進博學。

意思是我們必須從聽聞開始，這樣才能知道我們所要走的道路其特質是什麼，我們爲所有潛在的過患作準備，而且也對所有的需要有清楚而徹底的了解。這些都來自研讀經典，並從上師和

⑫ 雖然傳統上分為十八部派，但部派的名單仍有一些差異，事實上似乎要比十八部派更多。在主要的團體中區分為大眾部、說一切有部和上座部。

法友處聽聞教法而來，我們由此而展開聞所成慧。接著，我們可以運用內觀和智慧反映在我們所學習的事物上。宗喀巴指出：

願以四理所聞義，
晝夜如理作意已，
依於思維所生慧，
悉斷疑惑罄無虞。⑬

當我們檢視並深思所聽聞的法，不久之後，我們就開始了解教法的重點，並對教法的正確性和有效性產生信心。這個信心是來自我們對於所了解的法深思的結果。理論上來說，這是非常不同的，無疑的，這是依靠經典和教法所說的。當我們開始對自己說「啊，這的確是眞的。它就是這樣」，這就是所謂的思所成慧。

如果我們除了聞所成慧之外別無其他，我們可能對法有一點了解，但這種了解並不穩固。例如，假使我們聽到一些過去從未聽聞的事物，我們會有一些疑惑。一旦聞所成慧開展進入思所成慧，我們便會更有信心和確定，因爲我們已經深思了這個問題。然而，即使我們聽到一些前所未聞的事物，也會用我們所理解的深思比較。我們不會立刻就陷入疑惑的狀態，並開始懷疑我們所聽到的。如果我們眞正思維教法的重點，並獲得一些了解，就可以對所有聽聞的事物在理解的光耀下深思。我們就能將所聽聞的進行檢視，看看是正確的還是謬誤的，我們對此就有了信心。這就是所謂的思所成慧。

接著，當我們對思維的法進一步實修時，我們了解這是眞實的。我們對它的理解變得更清楚，直到最後它發展成不可動搖的信心和確信不疑。這就是修所成慧。

這顯示聞、思、修結合的重要性。首先，我們必須聽聞經典，這是最重要的；接著，我們必須深思所聽聞的法；最後，我們必須透過實修將所理解的法用在日常經驗中，所以這的確很接近我們而且有很深刻的效果。這是過去西藏修行的傳統。

⑬ 引自宗喀巴大師的《初中後善祈願文》（*The Prayer of the Virtuous Beginning, Middle, and End*）。

加深經驗的層次

我們也可以思考是如何慢慢帶來深層經驗的過程。首先，我們反覆深思所聽聞的法；接著，當我們透過反思對所理解的內容獲得一些穩定的信心時，以這樣的理解透過實修，我們可以轉化自心。以另外一種方式，藉著實修知道我們將會得到教法中所說了悟的特質，這就是所謂的熟練經驗。

接著，我們繼續努力並進展到對所理解的東西非常熟悉的地步，我們就會抵達一個點，只要我們修行得很好，就能夠轉化自心，這樣我們就可以眞正體驗經典上所說的境界。但只要我們還沒有刻意實修，這些特質就不具足。這就是所謂的實修經驗。

最後，當我們結合所理解的，透過不斷的實修和深思，我們達到一個境地，心可以自動轉化，我們都以最合宜的狀態面對外境，不論是好的還是壞的。這個階段我們在安享無修經驗。

消除邪見

再者，我們也可以思維如何消除邪見。從一開始，我們對於錯見或邪見就有一個明確的信念，但卻從不曾懷疑過。我們相信它就是如此。但是如果我們開始懷疑這些見解，我們的信念就會降低並開始產生懷疑。懷疑有三種型態：不正確的懷疑、不確定的懷疑和正確的懷疑。第一種型態開始思考眞相，但還是懷疑其正確性；第二種型態較爲開放，但對於什麼是正確和不正確的抱持矛盾和不確定的態度；第三種型態是開始相信眞相。

超越懷疑之後，我們進入下一個階段，透過分析與檢視，我們獲得理解，接著開始相信眞相，但是我們還沒能透過邏輯觀想建立信心。然而，最後因爲運用邏輯推理，透過有效的論證，我們達到直觀的境界。當我們從每一個可能的角度看事情時，它就發生了；而且排除每一個模稜兩可，我們得到一個確切的結論：「就是這樣！」這是唯一的可能性。以此，對於結論的正確性，我們得到完全的信心。如果我們對於這個了悟繼續禪修，就會發展進入一個清晰的經驗，那是一種無概念狀態，我們稱爲現觀。

第二部

大圓滿禪定休息

第六章

古譯學派寧瑪巴

佛法的整個範圍是由小乘、大乘，以及在西藏的金剛乘所組成。經過了一段時間，由於歷史的年代和特殊的地理位置，不同的傳統慢慢形成。這些傳統的大師們都傳承了佛陀完整的教法，但是當這些傳承弘揚的時候，在發展的重點上便有些微的不同。根據年代，當這些傳承首次出現時，我們會說是早期（寧瑪）和晚期（薩瑪）傳統。晚期的傳統包括幾個學派：舊噶當派、薩迦派、噶舉派、覺囊派和新噶當派（也就是所謂的格魯派），每一個教派都涵蓋了小乘、大乘和金剛乘的完整教法，也都同樣結合了經典和密續的探究，而且皆遵循著中觀的哲學傳統。

現在我們所要進行的內容，是屬於古譯學派寧瑪派的教法。本來我沒有打算根據典籍來講授，因為我想概念性的談一些大圓滿和大手印會比較好些。但是進一步思考後，我想如果根據經典講授，畢竟會講得更完整、更好。我選擇的經典是由全知的龍欽饒降巴所著作。他是一位多產的作家，著作有例如《七寶藏論》，範圍從非常細節和精確處到非常簡明都涵蓋其中。《大圓滿禪定休息論》是屬於《大圓滿三休息論》的一部，是更爲簡明的著作之一。本來我計畫傳授今冬從楚璽仁波切處接受龍欽巴《七寶藏論》的法教，但此刻我正接受《大圓滿禪定休息論》的傳承，我想非常適合和各位分享這部經典的內容。

如我稍早所述，博學不保證你能清淨如聖者，清淨也不保證你能精進博學。在所有西藏的傳承，包括薩迦、格魯、噶舉和寧瑪之中，一個聖者必須具備三種特質，即博學、清淨和慈悲。①整個西藏的歷史，各教派總是有大師、聖者和學者對教法做出卓越的貢獻——所有的一切都結合了他們的博學和修行成就。舉寧瑪派爲例，有一位非常博學的大師隆榮確吉桑波，他是位卓越的學者，生平大約是在阿底峽尊者入藏的時代。②我接受了有關他的著述《密續本質》的傳授，也稱爲《三寶論》，他還寫了一本知名的論著《入大乘論》。隆榮確吉桑波是最偉大的學者之一，同時也是非凡的博學者和成就者。

同樣的，全知的龍欽巴，生於宗喀巴之前而與布頓仁欽珠巴③同時，他非常博學，這從他的

① 藏英字典解釋博學（learning）、清淨（sanctity）和慈悲（kimd-heartedness）這三種特質如下：「博學意指對知識沒有疑惑；清淨意指擁有清淨的戒行，在身語意沒有過失；慈悲意指利他的誓願，或圓滿的利他行為。」

《七寶藏論》就可以看得出來。他們彰顯了修行的廣度，涵蓋了教法的各個角度，從經教到最高層的密教。幾世紀之後，出現了全知吉美林巴，他沒有受過太多的正式教育，但天生擁有許多高貴的氣質，且透過修行開啓了先天的智慧並從中迸現出才智。他寫了《稀有功德寶藏》以及兩本論著，也就是知名的《二車疏》——全知車疏與二諦車疏，涵蓋了許多古典經文。

許多寧瑪傳承的知名大師，以及近年來尤其是藏東地區出現一些卓越的上師。米龐秋理南嘉[4]無疑是最知名的，但我個人最尊敬的是多竹千晉美天佩尼瑪。我認爲他的著作是讓人驚訝的，非常不可思議。他的著作並不是長篇鉅著，但是有非常高的水準。對我而言，這些作品可能比全知者米龐的著作要偉大，尤其在教法微細處的解釋以及困難處的拆解，多竹千晉美天佩尼瑪簡直讓人驚嘆！

多竹千晉美天佩尼瑪的學生之中，有一位偉大的上師祖古楚洛或稱楚欽桑波，是一位受戒比丘，同時也是卓越的學者。他針對嘉利潘千貝瑪旺嘉的《三誓戒探究》寫了一部廣論，而且他的大圓滿指導手冊和《普賢王如來祈禱能顯自然智根本願文》論述，[5]的確十分突出。他的許多論著似乎都剛好在西藏遭遇危難的時刻完成，雖然印刷版已經做好，但被放錯地方，最近我接獲他的一套著作，包括已經找到的，全部都彙編在一起。[6]所以在西藏古譯寧瑪傳承裡，有許多非常

② 敦珠法王（Dudjom Rinpoche）描述過有關隆榮確吉桑波（Rongzom Chökyi Zangpo）的生平，他說：「他是西藏聞名的大班智達，是傳授舊譯學派密乘的無上師。至於不同的經典、密續和論著，所有可知的他都嫻熟。」阿底峽尊者（982-1054）碰到他，據說稱他為「無過失者」。隆榮對《密續本質》（*The Secret Essence Tantra*）的評論在起始中寫到：「三寶的本質是證悟的心」，成為知名的《三寶論》（*The Jewel Commentary*）。他最有名的著作是《入大乘論》（*The Entrance to the Way of the Mahayana*）。加上他非凡的學問，也經常化現許多證悟的跡象。史家郭羅桑瓦（Gö Lotsawa）稱他：「在西藏雪域中，無人堪與倫比。」參看敦珠法王《藏傳佛教的寧瑪派——它的基本教義和歷史》（*The Nyingma School of Tibetan Buddhism, Its Fundamentals and History*, pp.703-9）。

③ 龍欽巴和布頓（Butön）都卒於一三六四年，七年之前的一三五七年，宗喀巴誕生。布頓仁欽珠巴（Butön Rinchen Drup）是非常有名的西藏學者和史家，致力於甘珠爾的編撰，即藏譯佛教經典。

④ 蔣貢米龐仁波切（Jamgön Mipham Rinpoche, 1846-1912）。

⑤ 楚欽桑波（Tsultrim Zangpo, 1884-1957）又稱祖古楚洛（Tulku Tsullo），是近代西藏最偉大的學者之一，也是伏藏師索甲列繞林巴的重要弟子，同時亦是他傳記的作者，以及他伏藏傳承的持有者，他也是多竹千寺第三世多竹千晉美天佩尼瑪和堪布丹確歐澤（Khenpo Damchö Özer）的弟子。有一次堪布丹確說他，「我只是一隻狗，但我有一個弟子是獅子。」雖然眾所周知，在晚年要碰到多竹千晉美天佩尼瑪非常不容易，但楚洛卻可以，因為他要為他謄寫著作。他為多竹千仁波切抄寫了許多經典以作為私人參考用，並用這些作品作為接近他的機會且接受他的法教。祖古楚洛主要居住在鐸山谷的許瓊寺，距離多竹千寺大約十五到二十英哩，屬於北伏藏傳承。楚欽桑波是一個比丘，持守戒律，而且是金剛乘的修行成就者。看過他的人說他擁有雕像一般的威儀，以蓮花坐姿而坐，一動也不動，並留著令人印象深刻的白鬍鬚。他的著作中有兩冊是針對阿里潘千（Ngari Panchen）的《三誓戒探究》（*Ascertainment of the Three Types of Vows*）廣論，以及一些有關大圓滿的論著，包括「恭巴桑達」（Gongpa Zangthal）的指導手冊，以及《普賢王如來祈禱能顯自然智根本願文》（*Prayer of Kuntuzangpo*）的論述。他的其他著作包括對蓮花生大士《見之花鬘》（*Garland of Views*）的論述，和許多有關新譯學派的密續作品。他是寇東特楚奇美雷津（Khordong Tertrul Chimé Rigdzin，1922-2002，以奇美雷津喇嘛而知名）的根本上師，也是祖古甘洛（Tulku Gyenlo）和仁千翁楚（Zhichen Öntrul，最近於西藏過世）的上師。以上資料是由祖古東杜仁波切（Tulku Thondup Rinpoche）慷慨提供。

⑥ 祖古楚洛彙編的著作出版了八大冊，是在他藏東許瓊寺所保留的木刻板印下來的。整個目錄可上網查看，網址：www.lotsawahouse.org/school/tsullo_index.html

博學的修行者。

平衡研讀與修行

有時候我們會覺得噶舉派大手印和寧瑪派大圓滿的修行者，並不需要研讀古典的經論，總有一個印象以爲他們的領域比薩迦派和格魯派更廣。人們會認爲大手印和大圓滿的修行只要坐在那兒觀照，如同第五世達賴喇嘛所說的，如雕像一般坐在那兒。但這是不正確的。同樣的，如果認爲薩迦派和格魯派只是在研讀經典，其他什麼也沒有，同樣是不正確的。因爲只有研讀是不夠的，結合你所學習的並運用在實際的修行上，是很基本的。否則，就如同我經常開玩笑所說，在一個大家所熟知的故事裡，一個格西在辯經上非常有名，但卻沒有把教法運用在實際的修行上，這是很危險的——他死後轉生成爲一個驢面鬼。因此只是學術的探究並不足夠，我們必須整合所有學習到的眞正義理。

如同貢唐倉⑦所說：

博學，來自於研讀許多教法並深入檢證。
莊嚴，來自於運用你所學到的法義並深植於心識中。
慈悲，來自於普皆迴向，只爲了教法和眾生。

誠如這裡所指出的，結合博學、戒行和慈悲這三種特質是非常重要的。宗喀巴說：

即使你聽聞過許多教法，一旦喪失了法，
也是一項過失，因爲沒有將教法當作個人的忠告。⑧

如他所指出的，我們必須精進修行，將所有的教法當作個人的忠告，而不是把所有的東西放置在學術理論的層次上。

---

⑦ 這首偈是出自貢唐天佩卓米（Gungthang Tenpé Drönmé, 1762-1823）所寫《榮耀宗喀巴教法祈請文》，他的傳記可參考圖敦金巴和賈斯艾爾斯納（Thupten Jinpa and Jas Elsner）的《心靈之歌》（*Songs of Spiritual Experience*）。

⑧ 從他的略傳中，宗喀巴描述他透過修行經續而了悟的過程。

當然，歷史告訴我們，大手印和大圓滿的偉大修行者並沒有研讀古典經論，他們只透過全心投身於精進的實修且「升起實修的勝利幢」，就達到很高的證悟。這種非凡的修行者的確存在，像是偉大的瑜伽士密勒日巴。但他們在過去生早已受過訓練，他們的業習已是覺醒的，而不像我們，至今生仍一事無成。如果我們想要努力修行達到像他們那樣的境界，而沒有如一般所說「點亮聞思之燈」，我想是非常困難的。

普遍性與個別性的方法

有些學者把教法當作一個整體，做普遍性的探究，以和某些特殊個別性的探究方法之間做一個區別。從比較普遍的觀點，藉著研讀經論，像是二聖六莊嚴⑨的著作，而對教法有一整體性的了解是非常重要的。舉個個別特殊教法的例子，我們可以想像密勒日巴以及他如何教導弟子。密勒日巴早已達到很高的證量，只需給予弟子幾句指導就能喚醒他們的潛能。因爲像密勒日巴這樣的大師擁有他心通，能閱讀他人的心識，因此不需要以普遍性的方式呈現諸法，而可以針對個人直截了當地給予合適的指導。他的許多證悟道歌就像這樣，只需濃縮成幾句精要的口訣，就能夠直接傳達經驗，而不需要做詳細的解釋。

這種生猛、赤裸的建言，是根據弟子的需要而給的，可以很快讓弟子的心產生眞實的經驗和體悟。薩惹哈尊者和許多印度大成就者，都是透過了悟的道歌或詩偈教導弟子。這些道歌大多是屬於個別式的教法，然而龍樹、提婆、無著、世親、陳那、法稱等諸聖者的著作，從他們整體的教法上呈現了更爲普遍性的陳述，目的是想逐漸灌輸一個全面性的理解。

同樣的原則適用於藏傳佛教四大教派。每一教派都有普遍性的教法，呈現教法的完整性，也有針對個別的教法。舉噶當派爲例，其教法有三個傳承：經典傳承（教典派）、道次第傳承（道次派）、精髓指導傳承（教授派）。我認爲精髓指導傳承可能與個別性的特殊探究有關，而經典傳承則是根據主要的正統經典做爲指導，屬於普遍性的教法探究。

剛剛我的說明是一個很重要的觀點，否則我們可能會這樣說：「我是噶舉派的，我是寧瑪派的，我不需要研讀那麼多的經典，只要全心獲得修行成就即可。」當然，一個人以這樣的態度是

⑨根據藏漢大辭典，六莊嚴等於莊嚴了閻浮提世界，其中龍樹菩薩和提婆菩薩莊嚴了中觀教法，無著菩薩和世親菩薩莊嚴了阿毗達摩教法，陳那菩薩和法稱菩薩莊嚴了現觀教法。二聖是指釋迦光和功德光，他們兩人在戒律的教法上都非常博學。

有可能獲得成就，但你必須以最大的力量護念，否則便會有危險，也就是你對於如何獲得成就將毫無概念。

另一方面，我們也可以研讀偉大的經藏但卻完全迷失在文字中，不僅無法從中獲益且變得貢高我慢，感覺與他人不相上下。但是當我們對自己的了解都不清楚時，根本就沒有時間和他人競爭或是妄自尊大；只有在我們眞正確切的了解一些事時，才經得起一點點的自負。倘若不是這樣，就沒有理由狂妄。然而這樣的事還是發生：當人們自認爲了解一點，就變得非常自滿，這就是所謂的「天變成魔」，⑩或是把藥變爲毒。

回到先前所說的，博學不保證成聖，清淨亦不保證博學，所以首先我們必須結合博學、戒行和慈悲三項特質。

⑩ 這是引自《修心七要》在第六要中，關於明修心三昧耶，其要點是「避免出於自傲而嘲笑侮辱他人」。

第七章

大圓滿的獨特性

大圓滿禪定休息

現在我們來到全知龍欽巴尊者的《大圓滿禪定休息論》。傳統上，我們說在西藏文殊菩薩，即佛的智慧化現，有三個化身：龍欽饒降巴、薩迦班智達、宗喀巴。在一九六〇年早期，當時只有一些寺院在印度重建，卓嘉仁波切①在南印度碧拉庫毗興建了一間小寺院。他告訴我，他在寺廟內安置了文殊菩薩這三尊化現的塑像。我想這是非常殊勝的，因為龍欽巴、薩迦班智達和宗喀

① 卓嘉仁波切（Drakyap Rinpoche）是轉世喇嘛，出生於靠近拉薩附近的潘波區（Penpo region），被認為是噶當派的偉大上師博多瓦（Potowa）的化現。他在一九八〇年代末期往生，他的轉世目前在色拉寺研習。

巴在藏傳佛教中是普遍公認的偉大學者。

這本論的名稱爲《大圓滿禪定休息論》，最初是以梵文命名。這本論述並非源自印度，而是龍欽饒降巴自己在西藏所創作，但卻以梵文命名。他的用意在指出這個教法有其經典和密續的來源，以及過去印度大師們的法教。

關於此一名稱《大圓滿禪定休息論》，解釋大圓滿有很多不同的方式。例如，其中一種是透過大圓滿的基、道、果解釋。然而，了解大圓滿最重要的方法是在其「自性、本質和慈悲的能量」方面。據此，自性是本來清淨，而本質則是自然呈現的。非常簡單的，這涉及一個事實，輪迴、涅槃和道的一切現象，本質上都是本覺，也就是本初佛普賢王如來，而它們從來就沒有在原始的佛性範圍之外。這個本覺，也是普賢王如來，是淨光的根本俱生心識。

以本初智慧為道

寧瑪傳承有教導九乘的次第：(1)聲聞乘，(2)獨覺乘，(3)菩薩乘；外三部密續的(4)事部，(5)行部，(6)瑜伽部；內三部密續的(7)瑪哈瑜伽，(8)阿努瑜伽，(9)阿底瑜伽。前面八乘包括阿努瑜伽，是根基於凡夫識的系統，據稱他們都是以凡夫識爲道。第九乘阿底瑜伽等同於大圓滿，是以本初智慧爲道。

本初智慧的解釋有許多層面，例如，你可以理解爲「聖者無染的智慧」。②然而，此處我們稱「以本初智慧爲道」，在這裡，本初智慧的意思是指不變的本覺，「未來與過去無別」。③這個不變的本覺，就是本初佛普賢王如來。即使我們住於輪迴中，這個根本的特質也從來不受瞬間散亂的念頭所汙染。不論是輪迴的現象或輪迴的因，業風或尋常念頭都無法汙染或弄髒本覺的清淨。

雖然我們會希望以凡夫心識成佛，但如果我們深入而審慎的思考，將會了解凡夫心識的粗糙層次將無法持續到成佛，只有淨光的根本心識會呈現全知，而所謂大圓滿的本覺——本初佛普賢王如來，事實上是如同淨光根本心識一樣被理解的。一切輪涅的生起是以它爲基礎，而它始終是自在的。大圓滿法將此本初智慧視爲道，因此，《大圓滿禪定休息論》論中一開始就是：

② 這個智慧是在見道的那一刻直接的了悟。
③ 語出彌勒菩薩《究竟一乘寶性論》（*Uttaratantra Shastra*, 1: 51: 3）。

既然我們說前面八乘的系統都是以凡夫心識爲基礎，第七乘和第八乘——瑪哈瑜伽和阿努瑜伽，事實上是依淨光根本心識、也就是自性清淨心運作的方法。然而它們是間接的運用技巧讓淨光心識呈現，像是本尊瑜伽的生起次第或其他瑜伽的氣、脈和明點。例如，《密集金剛本續》是屬於新譯學派的傳承，它解釋了如何運用氣作爲方法以生起淨光根本心識。《時輪金剛密續》教導如何將明點集中於氣、脈中，以使得「大樂的俱生智慧」呈現。而《勝樂金剛本續》也類似。所有新譯傳承的無上瑜伽密續，事實上都是根據這樣的原則。他們的方法是以自性清淨心爲道，但是運用凡夫粗糙心識的技巧，使得淨光根本心識呈現。相反的，大圓滿法除了運用自性清淨心之外，別無其他，讓它呈現直到成佛，因而完全沒有用到凡夫粗糙的、非俱生的心識。

這個凡夫的粗糙、非俱生心識，一直持續到三相，即顯相、增相、得相消融爲止，而不會持續到成佛。如果用密集金剛來解釋，此刻當他已經了悟淨光，且通過三相消融逆轉的階段，此三相便已不再生起。如龍智菩薩在其著作《業行論》④的解釋，直到三相清淨之前，不論我們布施了多少，即使布施了四肢或頭顱，或是我們持守多少戒律，修多少六度萬行，我們都無法成佛；

可是一旦此三相清淨了，無疑的就了悟成佛了。直到粗糙的、非俱生的心識狀態停止——它一直持續到三相消融，全知的智慧才發露。因此，意識的層面持續直到全知的層面時，才是淨光的根本心識。

大部分的道是以這三相生起爲基礎運作，只有大圓滿是獨自根據自性清淨心，這是大圓滿獨特與深奧的特性。大圓滿教法也非常精確的談論本覺，並將其歸類爲許多微細的類別，而有所謂的「根本本覺」、「基礎本覺」、「周遍一切究竟解脫本覺」和「明燦本覺」。存在的基地和基地的外相之間有個區別。明燦本覺是在基地生起相時呈現，與根本本覺不同。⑤然而，這些本覺的情況都是一樣的，在本質上，偶發的念頭是無法汙染它們的。

因此，使淨光根本心識顯現的方法，就是透過明燦本覺以抵達根本本覺，根本本覺在本質上和基礎本覺是一樣的。一切層次的意識，包括凡夫顛倒心識的粗糙層次，都是本覺或淨光的擴散，一個有實證經驗且我們對他也有信心的大師，可以爲我們指出這一切。當情況像這樣以正確

④ Analysis of Action，梵文：karmantavibhanga。

⑤ 參看達賴喇嘛著《大圓滿》全文，尤其是 pp.176-77 和 183-84。

的方式相應時，我們確實能認知本覺的體性，我們可以單獨運用本覺作爲修行的基礎，用究竟本覺作爲道，這就是所謂「以本初智慧爲道」的意思。

所以，我們並沒有限制凡夫粗糙、顛倒的心識，這個方法也不是運用凡夫心識以使得淨光根本心識發露，而是運用淨光根本心識的經驗去體驗淨光。這就是爲何它比瑪哈瑜伽和阿努瑜伽深奧的原因。

不論我們談論的是新譯學派密續還是瑪哈瑜伽或阿努瑜伽，使得淨光根本心識顯現的方法是讓凡夫念頭的模式息止。只要體驗淨光根本心識，凡夫心識就蟄伏了；相反的，只要凡夫心識在運作，淨光根本心識就還在蟄伏。但此處，在大圓滿中，即使基礎的本覺狀似在蟄伏，我們依然可以在狂亂的念頭和情緒中認知到明燦本覺，也就是說，如果我們有一些經驗，就可以正確的區別它。因此有一種方法讓我們的本覺顯現，而不需要清除凡夫念頭。簡言之，藉著覺性關照念頭不斷，保持清淨無染，我們可以讓本覺顯現並加以保任。這就是所謂「以本覺的本初智慧爲道」的意思，這是大圓滿獨有、深奧的特性。

大圓滿的甚深重點

簡單來說，成佛的三身或四身，⑥其基本範圍是淨光根本心識。如同其他的方法，大圓滿是使得此自性清淨心化現。然而，它的方法不是用凡夫粗糙心識，而是運用淨光根本心識的覺性帶入經驗之中。這是大圓滿殊勝的、深奧的、獨特的地方。

偉大的五世達賴喇嘛在他的《持明法語》⑦中說：

一些驕傲的學者空洞的主張，

---

⑥梵語 kaya 的意思是「身」。根據大乘教法，成佛被描述有二身、三身、四身或五身。二身指法身和色身，色身可分為報身和化身，成為三身。若加上自性身，則成為四身。五身包括前面三身和圓覺身以及金剛身。諸佛的覺悟身被視為般若智慧的支柱，就如同我們的凡夫身被認為是凡夫意識的支柱一般。

⑦此論《持明法語》的全名為：*Words of the Vidyadharas: An Instruction Manual on Generation, Completion, and the Great Perfection for the Great Compassionate One, Liberation of Samsara into Basic Space.*

希望在自身之外求得佛性，
就如同在西方舉辦儀式要驅除東方的魔一般。
了解此，解脱染汙進入法身光明的大秘密，
是古傳承的特色。⑧

氣、脈、明點以粗糙、微細、極微細的形式存在身體中，透過集中、穿透極微細氣、脈中的明點，不需要留下任何的形體，就可以引起血肉的粗糙身消融，證得虹光身。

這不是歷史故事，就在兩年前，在藏東的雅瓏省，一位偉大的喇嘛堪布阿瓊（Khenpo Achung）就達到這樣的成就。他早年來到拉薩並花了幾年時光在色拉寺修行，他在那裡接受崔簡仁波切有關金剛瑜伽母的教法。而他主要是修習大圓滿，而且是從年輕時就開始起修了。他也是普巴金剛的修行者，被認爲是敦珠仁波切普巴金剛教法的傳承者。之後，由於西藏的動亂，他大部分時間都在持誦六字大明咒，兩年前在雅瓏的寓所往生。往生之前，他把自己用僧袍包起來，並告示弟子在他死後七天之內不要碰觸他的身體。當約定的時間過了之後，弟子們檢視發現只留下僧袍，其他什麼也沒有，甚至連頭髮和指甲也都消失了。這是確實的事。他的一位弟子到印度來看我，詳細告訴我整個過程。他的一位法友雅瓏喇嘛追彌歐澤也證實了整個事件的過程。⑨

因此，這不只是古代的歷史，也不只是故事，而是人們用眼睛看到的事實。但這並不容易做到，是需窮畢生之力專心一意的獻身於修行，同時放棄凡人所關心的事和俗務。你從來就不曾想像過證得大圓滿虹光身是可以輕易獲得的事，就像那樣。這的確非常困難。

第五世達賴繼續說到：

這不是想藉著誤導他人進入解脫，
在僅僅瞥見經典之後提供精闢的解說，
就像從空的容器注入另一個容器一般。

---

⑧引自《持明法語》（p.150）。

⑨堪布阿瓊（Khenpo Achung, 1918-98）來自雅瓏著名的盧莫雷寺（Lumorap monastery），非常接近藏中的寧瑪派敏卓林寺。在雅瓏、倉吉、江孜一帶，他有許多弟子。堪布阿瓊於一九九八年九月在盧莫雷山丘上證得虹光身，除了當地媒體有報導，《理性科學期刊》五十九期（二〇〇二年三至五月）還以《虹光身》為題發表一篇專題報導。卡布斯坦（Matthew T. Kapstein）在他的《明光乍現》（*The Presence of Light*）中也有提到。

因為我有一些信心和經驗的方法，
從修行赤裸的直指心性指導而來。
這不是由關心俗務的煩惱心識所組成，
而是以清淨發心，皎潔如秋月。
願此深奧的教法能持續直至成佛，
以利益具足信心如我的人。⑩

我很欣賞這段，而且隨喜，五世達賴非凡的成就，如同西藏其他的大師一樣，他們維護、保存、弘揚不同傳承的教法，沒有任何的偏見。即使我們認為可能無法持續他們的遺產，但依然可以努力盡一切所能的追隨他們的腳步。

在這部論中，他也談到有關本來清淨和自然圓滿。他說本來清淨的意思是從來不曾被過失染汙，而自然圓滿意指成佛的特質本已具足。⑪

五世達賴說「從來不曾被過失染汙」的本來清淨，有兩重意思。第一種是依據經續共通的中觀見解，意指從所有概念的架構中解脫，例如八種邊見。⑫另一種解釋是指淨光根本心識的清淨，它從來不曾被凡夫的、偶發的念頭所染汙。

當論中解釋自然圓滿的意思是「本已具足的成佛特質」，指的是成就四身的潛能在淨光根本心識中本已具足，就如同凡夫心識已經具足了知對象的潛能一樣，是與生俱來的，「是清楚而且可知的」，這就是它的本質。當證得四身的時候，本覺仍然會呈現，那時導致輪迴的凡夫習氣連同三相已經停止了，這就是所謂的「成佛的特質已經具足了」。

這意指當完全證悟的時候，四身會眞正的呈現，也就是說，它不需要重新創造。但這並不是說四身現在已經在我們的心識中呈現了。它們是所謂根本空的特質，與果的特質相對應。四身的潛能與佛性共圓滿，與根本空的特質相符。當根本空的特質圓滿時，它們變成果的特質，因此說「成佛的特質已經具足」。

五世達賴接著說到：

⑩引自《持明法語》，pp.149-50。

⑪引自《持明法語》，p.88。

⑫八種邊見是指龍樹菩薩在其《中論》開首的皈敬頌所說，緣起的八不：生與滅、常與斷、來與出、一與異。八不中道即：不生不滅、不常不斷、不來不出、不一不異。

因爲所有輪迴與涅槃的現象都具足在此自然圓滿的車乘中，因此稱爲自然大圓滿。這個自然的狀態，從未被煩惱念頭和情緒所污染，被直接指認出。大圓滿有一個深奧且重要的觀點，也是它的特質，在中觀內空與外空的傳統中找不到，⑬在大手印中也找不到，是密法中的專有名詞，就是在直接而赤裸的了悟上有清楚而明確的特性，並且不會混淆本覺與凡夫心識。這不只是深奧而重要的觀點，如果你眞正完全了解，它與新譯派密續的究竟義並無二致。

根據新譯派密續傳承，此處所指的是，本覺的狀態生起時，是當抑制了所有凡夫不清淨的粗糙、微細、極微細的業氣和念頭，這些是伴隨著三相而來的。五世達賴繼續引述《時輪密續》：

周遍一切的空，金剛空，沒有對象與特色，
依舊在身體中央。

《喜金剛本續》：

無上智慧安住在身體中。
那些被無明黑暗遮蔽的人，
讓佛性與身體分離了，
但它的確安住在身體中，
雖然不是由身體所引發。

空性賦予所有無上的特質

五世達賴在論中提到內在空，這有必要做正確的了解。如我先前所說，當我們談到現象空，

⑬中觀外空或「他空」的傳承，最接近藏傳佛教中覺囊派的說法，主張究竟上自性非空，而是一切相對現象的空。而「內空」傳承主張究竟上是自性空。

並不是說它們空無所有，好像一物從另一物之中空掉一樣；而是說它們在本質上並非實有。在法稱的著作中，他引述了《大寶積經》的話：

空性並不是把諸法變空，而是諸法自性空。⑭

因此，這並不是一件某物從某物中空掉的事，而是事物在本質上的空。換言之，它並不是沒有了一個否定的對象，而是在本質上找不到此否定的對象。如果我們審慎的思考，就會了解內空眞正的意義，中觀見解是顯密所共通的，是小乘和大乘直接對治煩惱的方法。然而，當我們眞正達到全知的地步，空性的解釋就像引述自《時輪密續》的：

當深入分析時，發現五蘊是空性的，
沒有任何的物質，就像中空的芭蕉樹一樣，
但是這種形式的空不同於，
被賦予所有無上特質的空。⑮

前兩行有不同的解釋方式，依照康祖諾桑嘉措，⑯他們用邏輯辯證的方式分析五蘊，像是「非一非多」，並認知空性只是對實有的否定。當我們對此禪觀時，作用是對治諸法實有的觀念，且能幫助我們克服對於現實的執著。

但是只是禪觀此一空性，並不能使我們成佛。要得到佛果，我們需要開啓「空性賦予所有無上的特質」。在《時輪密續》教法中，它的意思是禪觀空性的心需要充滿「不變的大樂」。不僅如此，我們還必須禪觀「被賦予無上特質的空性」。只有「沒有特徵的空性」是不夠的，我們必須結合沒有特徵的空性以及具有特質的空性，才有可能達到全知的境地。

因此當經典說「內空」，即使是眞正內在空的見解是不能夠成佛的。讓我們以五世達賴的話作個結論吧：

---

⑭ 這句話引自法稱《淨明句論》（*Clear Words*）第十三章的結尾。

⑮ 參考康祖諾桑嘉措（Khedrup Norsang Gyatso）的《淨光莊嚴：時輪密續闡釋》（*Ornament of Stainless Light: An Exposition of the Kalachakra Tantra*）。

⑯ 有關康祖諾桑嘉措（1423-1513）的簡傳，可參考《淨光莊嚴》（p.xv.）。

大圓滿有一個深奧且重要的觀點，也是它的特質，在中觀內空與外空的傳統中找不到，在大手印中也找不到，是密法中的專有名詞，就是在直接而赤裸的了悟上有清楚而明確的特性，並且不會混淆本覺與凡夫心識。

禮敬本初自性

《大圓滿禪定休息論》接著說到以下的禮讚：

本性等空清淨界，
勝法不動極離戲；
光明心性菩提心，
敬禮體圓無變遷。

此處，「本初自性」意味自性清淨心不是新發創的，而是我們的最初本質。「等空清淨界」

是指空性本質，是所有輪涅現象生起的根本。空是一切元素的最基礎，其他諸大皆由此而生起。首先是空，接著是風，接著是火、水、地。當諸大消融時是依相反的順序：地、水、火、風、空。所以我認為正因為空大是諸大生起的基礎，也是一切輪涅現象生起的根源。這稱為「等空清淨界」，因為即使不清淨的現象可能生起，它的本質也從不會被這些不清淨的現象染汙。

「不動」意指超越改變，然而它與永恆是不一樣的。自性清淨心有時稱為「無為的」。當我們說「無為的淨光」時，多竹千晉美天佩尼瑪和許多學者都同意這並非因緣聚合新發創的東西。它是非複合的，不是一種恆常與靜止的意義，也不是因緣聚合新發創的。然而，從無始劫以來它就恆常延續的觀點來看，它是永恆的。這就是為什麼我們會用「恆常」這個字眼說明佛行事業，因為它們展現了這個永恆的延續性。[17]

「極離戲」首先是指徹底從概念式的戲論中解脫出來，當我們說空性與覺性不二時，意指本覺智慧在本質上是空性的，因為它在本質上是空性的，所以它超越了一切概念式的戲論和心理上

⑰ 達賴喇嘛於一九八四年在倫敦談《三句擊要》（*Hitting the Essence in Three Words*）時，討論「無為的淨光」和佛行事業「恆常」的角色。參看達賴喇嘛《大圓滿》，pp.52-53。

的責難，這些都是沒有必要的。另外，我們可以說當了悟淨光根本心識時，因爲本覺的基地呈現了，所有從基地所現起的概念式戲論就自然地平息了。

淨光是心的本質，它的體性不會被任何染汙碰觸。簡言之，當所有概念式的戲論平息時，根本身就呈現而且彰顯了。而當阿賴耶⑱完全清淨時，就會在當下了悟二諦，修行和無修的狀態就融合了。

如偈中所說，這就是我們所說的「淨光」，是心的本質，是潛藏在所有偶發狀態的心識之下最根本的體性。他稱爲「覺醒的體性」，因爲究竟的覺醒是指淨光根本心識，是「體圓而不會變遷的」。

自證的智慧

接下來的偈是表達作者意圖和他寫這部論的理由。

如來密意極稀有，

爲各自證智悟故，
攝集續論要門心，
演所行持須諦聽。

「各自證智悟」這個詞在經典和密續中都可以見到，但是在不同的經典中該如何理解可能有些不同。經典和密續共通的意義是佛的覺悟心識，實相本質的智慧是直接確定的，這被形容爲「一切諸佛的殊勝智慧心識」。對「各自證智悟」的不共理解，主要對內密乘而言，是指大圓滿的究竟狀態，是自性清淨心的智慧。龍欽巴說爲了讓我們了悟這個自我證悟的智慧，他蒐集了密續的精華、口傳以及心髓教法，意即他已經分別把瑪哈瑜伽、阿努瑜伽和阿底瑜伽的重點集合在一起了。他解釋他並沒有把它當作理論上的論著進行，而是以實用的角度去完成。在這段偈中，他不只陳述要寫作這本論著的意圖，同時也鼓勵善根學子要研讀這部教法。

⑱ 龍欽巴以這樣的方式描述阿賴耶：「這是未開悟及不確定的狀態，屬於心與心所的範疇，是一切業的根本，也是輪迴與涅槃的軌跡。」

自我證悟的智慧，如他在闡釋中所說是經典和密續所共通的，可以說是般若智慧，是四聖之母。四聖即聲聞、緣覺、菩薩和佛，如《現觀莊嚴論》在禮讚文中所說：

禮敬諸佛菩薩聲聞聖眾之母

即使對一個了悟的聲聞或辟支佛，他也必須具足空性見和自我證悟的智慧。了悟的狀態是從煩惱情緒的束縛中解脫出來，煩惱情緒的根源是執妄以爲眞。直接對治煩惱情緒的方法，就是在自心中生起空性智慧。當直接了悟空性的智慧完全開啓之後，就可以對治所有的我執。

這是經典和密續中眞正的中觀見，但光靠這個並無法消除最微細的所知障。從無上瑜伽密續的觀點，即使了悟了無上特質的空性，包括菩薩發心的六波羅蜜方便法，也不能消除最微細的所知障。爲了克服這些微細的所知障或三相所轉化的習氣，必須了悟淨光根本心識，它是超越三相的。淨光是對治微細所知障唯一的方法，因此，爲了獲得全知智慧，我們必須使得普賢王如來的本覺顯發，也就是自性清淨心。

龍欽巴接著說：

山顛樹林海洲等，
四時處及相合處，
一心不動寂三昧，
修習光明離戲者。
處所人及行持法，
由三種性而成就。

這是大圓滿禪定休息的三個部分：

- 修行的處所。
- 修行的個人。
- 修行的正法。

第八章

有益於禪定的處所

當我們開始禪修時，外在的環境，像是座落的地方和法友，都對我們有重大的影響，且在修行道上可以幫助或阻礙我們。當我們對禪修變得更加熟悉並獲得一些定境時，那時外在環境才會影響不了我們。由於修行的環境對初學者是如此的重要，因此在此有必要對一些細節作解釋。

接著，龍欽巴開始解說適合修行的處所：

出處寂靜而喜愉，
合諸四時之瑜伽。

首先，他描述符合四時的理想處所：

夏季雪山山頂等，
竹木藤條草舍等，
清涼處舍內修習。

秋季林中山岩堡，
溫涼均匀屋及處，
隨合衣食與行動。

冬則林內岩洞等，
土屋低所溫地處，
隨合衣食與臥具。

春季山林海洲等，
隨順溫涼均匀屋，

衣食行動極勦合。

其次，他解釋某些吉祥處所的利益：

是故內外一緣起，
依悅如意寂靜處。

這讓我們想起一句格言：「一個好地方，有善知識爲伍。」也就是說，你需要一個能讓你歡喜、愉悅的好地方，在那兒，你遠離分心，使你覺得舒適而輕鬆。

山巔心清而寬廣，
醒沉處所生起應。

的確，據說在較高處例如山巓修行，我們的心會變得較爲清明而寬廣。當我們到視野遼闊的地方就可以了解，那的確使我們的心胸更爲寬廣、開放和清明。當然，當我們有意到山巔修行，也不要到太高的地方，因爲你可能會因爲海拔過高而生病或死亡。

據說這些地方特別有利於避免心智的昏沉。昏沉意味著不清明或缺乏熱忱。當然，有不同程度的昏沉，如粗的和細的。有時昏沉如同沮喪的感覺，一種欠缺熱忱和啓發的形式，一種倦怠昏睡的狀態，沒有精神或警覺性。據說山區有利於驅除這類的昏沉。

論中繼續說到：

雪山心清生起明，
修觀之處礙難少。

林中心住心性生，
修止之處最安樂。
山巖厭離無常勝，
清明力大止觀運，

河水岸畔心向短，
決出厭離能新生。
屍林力大速成就，
無論生圓勝吉祥。

屍林和墓地是非常有力量的，因爲會引起我們的憂慮和恐懼，我們可以利用這種恐懼的經驗了悟心的本質，進而變成修行進步的催化劑。

城市空房孤樹等，
人及非人部多行，①
初學散亂而障礙，
堅者能助讚爲勝。

對初學者而言，群聚和怪異的地方是散亂的來源，會引生障礙。但是對心已經處於穩定狀態的人，這些地方可以提供一些挑戰，幫助我們深化體驗和了悟。

廟宇梵塔魔王處，
心亂妄念瞋等生。
溝穴諸等女妖處，
沉掉太甚貪欲生。
孤樹等所空行女，
巖及山頭魔鬼處，
謂心擾亂緣礙多。

① 在這些偈中會出現一些非人和其他的靈體。

穢神惡龍地神處，
湖邊草地樹藥林，
適意花木莊嚴者，
初喜後即礙難多。

總言住屋初適意，
漸熟不喜悉地微。
初畏不喜漸熟喜，
力大速成無障難。
較此他平無損益。

是故依處內心變，
加行增減有兩種，
故說應勲觀處所。

這是我們要朝聖的主要理由，例如，我們的導師佛陀成佛的所在，或是他學習、遊化、修行與徹悟的地方，都曾得過他的加持而變得神聖。在這點上，《現觀莊嚴論》說：

覺悟者或值得敬重者的居所。②

這意思是任何有達到見道位菩薩居住的地方，都變成神聖的地方了。這就是眾所周知的「加持地」，這個地方可以對個人產生加持力。首先，一個地方透過了悟的聖者變得神聖，他遺留加持力在那兒。接著，在某個時候，當初學者到這個地方，便可以從這裡得到加持。因爲這個地方已經灌注了加持力，我們所做的任何善行都會變得更有力量。

復總四壇處分四：

②語出彌勒菩薩《現觀莊嚴論》，根據巴楚仁波切的解釋，意思是曾經有人在此證悟的處所，或是值得敬重的修道人曾經居住的地方。

息處於意頓然住，
增處意適有光耀，
懷處奪意得貪愛，
誅處心擾生怖畏。

這意思是指如果我們想要修習特殊的四壇處法：息、增、懷、誅，必須有相應的處所，這樣可能會更容易成就。

分門無量而離邊，
此乃三昧靜勝處，
餘諸文繁不廣宣。

接著，論典中談到我們應安住的處所或是禪修茅屋的型態。

於彼息處禪定室，
寂靜持意建造合，
半方通光最吉祥。

此處對日間與夜間修行的場所做個區別，後者是指完全黑暗的閉關房。

夜間瑜伽黑圜室，
高處圜室內中相，
北方置枕涅槃寢。

這種黑關房在時輪密續六瑜伽中也有提到。必須完全隔絕燈光，很重要的是這個地方要有良好的通風設備，否則會對健康造成危險。偈中描述室內的牆，最後則以瑜伽姿或涅槃姿就寢。

白晝處顯瑜伽者，

雪山流水林等地，
屋視極明天界廣，
心清分明寒溫勻。

止時靜室牆圍繞，
心性自然生處祥。
觀時視線勲分明，
常常意樂與時合。

樹等低遮妙止處，
雪山高處觀慧處，
如是分別極勲知

總之地方靜室者，

何處決出離心短，
三昧增長加行處，
依合眞實菩提處。

何處覆善煩惱長，
惑亂憒鬧今生轉，
惡業魔處善知捨。

此皆自然蓮師云，
欲求解脱等應知。

這是《大圓滿禪定休息論》第一段的終結，解釋開發禪定的處所。

當然，以我們的情況，我們應該在居住的地方禪修，無須爲了修行而特地去找一個禪房；但是對於那些「升起修行勝利幢」的人來說，這些考慮卻是非常重要的。對我們來說，我們必須因為工作或其他的義務停駐在特定的場所，沒有太多的選擇。坦白說，如果我們能留在原來的社區又找到一個行業可以繼續學法，這是最好的，當然，這個行業不能夠與惡業或是惱害的行為有關。如果我們能找到一個服務社區的方式營生，將會是很美好的，尤其是當老師或是在健康的領域，當然還有其他的許多角色都可以為社區服務。這些是直接幫助他人的方法。如果我們能以這樣的方式生活，經常自我持戒並憶持佛法在心，我們的生命將真正對社會做出好的貢獻，我想這是很重要的。

對於法，如同對待其他有意義的計畫一樣，如果我們能盡力做好，那最好；如果不能，我們也不應該放棄或撒手不管。當然，如果我們能奉獻所有的生命去修法，那是最理想的，如果有這種可能性就應該去做；但如果因為當下的處境沒有可能，我們也不應該完全放棄或撒手不管，那將是一個錯誤。不論我們想要嘗試達到的目標為何，如果我們能做到百分之百，那是第一等的；如果不能，那麼即使只做百分之一，在正確的方向上也算是一種進步。

在某些罕見的情況下，當所有好的因緣，諸如善業與祈請都聚合了，人們有可能在修行道次第上有長足的進步；但對大多數人而言，這是一個漸次的過程，因為五道十地是要逐步逐步慢慢穿越的。這顯示我們需要消除修行道上的障礙，從最粗糙的開始，同時也要在心中生起能對治這些障礙的狀態，一點一滴的從最小的狀態，直到它們變得更強而有力。

因此，爲了修行佛法，我們無須改變外在的一切。如同《修心七要》中所說「恆學三總義，轉欲住本位」，③這很重要。我們需要開展並強化心的力量，日復一日，但我們依然保持日常的穿著與外表比較好；如果我們在外觀上作急劇的改變，這會有危險，我們可能變得過度關注世俗八風。④我們總是思考這世俗八風，只要我們陷在這困境中，想要改變我們的外觀就不是好事。外觀最好是隨著風俗習慣，而且還不如把心力放在改變我們的心上面，逐年逐月一點一滴的累積，漸漸的，我們會變得更樂觀、快樂與自在。

我們必須窮畢生之力來修行，尤其是在晚年。當我們達到退休的年齡，不應該只是坐在那兒等死，花點時間心力在修行上會更好。我知道有許多人到了老年，行徑好像把餘生都拋諸腦後，

③這是《修心七要》第六義「明修心三昧耶」的另一個子題。另外的翻譯是：「轉化你的態度，但保留你的自性。」或是「轉換你的順序，但保留你的樣子。」

④這世俗八風是：想要被讚美而不要被批評，想要快樂而不要痛苦，想要得而不要失，想要得到聲望和認同而不要被拒絕或汙辱。也就是：得、失，苦、樂，稱、譏，毀、譽。

沒有什麼事情可以做了。我認爲這有點愚蠢，因爲他們也許已經退休了，但他們還沒死啊！他們只是到達第一個退休，而不是第二個，等到大退休時就太晚了，那就是你們所說的永久退休了！但是在第一次和第二次退休之間，是一次眞正可以修行的機會，因爲如我先前所說，雖然身體可能變老，但如果我們開發出心的智能，它的清明和智慧將會持續，賦予我們機會，以便修更深更廣的法。

第九章 個別的修行者

龍欽巴在第二部分談到禪修者。一開始，他解釋我們要依據下面的次第先清淨自己的心：

> 具信決出勤厭離。
> 第二修習之人者，

信和堅定是必須具備的主要特質。只要我們還緊執煩惱，在眞理的正道上就不可能有任何成就的希望，當我們了悟這個道理，出離心就產生了。當我們了知此生是多麼的空洞，我們充滿著急迫心想要逃離這無意義的狀態，並確切地、斷然地從中脫出，這就是所謂的出離。一旦我們有了這個決定，不論我們的生活狀況是如何的舒適，資源是如何的誘人、富足或奢華，我們總會十分警覺，最後這一切終將會用罄並結束，我們將知道這不是眞正快樂的鑰匙，因爲這些都受著業和煩惱所宰制。思及這些，將激發我們厭離的感覺和覺醒的傷感。

總之，我們需要有信心、出離和這個醒悟的感覺：

厭離生死求解脱，
置今生心求菩提，
遠鬧散亂煩惱少。

當我們眞正熱切的想要達到究竟解脫與全知的目標，生生世世，我們會感到鼓舞，並避免外在的分心和忙碌，將它們放在一邊。同時，我們不再沉溺於心理的煩惱。當煩惱生起時，因爲缺乏對治，我們不會允許被它們吸引住，我們會厭離並試著厭惡它們。當我們越能夠提醒自己煩惱情緒是痛苦的根源，就越能使我們的心產生力量而不對它們投降。假使我們拒絕投降，那麼即使碰到激起煩惱的因，煩惱情緒也不再那麼容易生起。當煩惱眞的生起時，力量也會減弱。這就是爲什麼論中說「煩惱少」的原因。

淨顯誠信心量廣，

接著，我們很自然的會變得自在而放鬆，因爲我們會有一個非常長程的觀點。我們不會只想到此生短暫的喜樂和悲傷，而會著眼於更長久的未來，這自然地會使一個人的心量變得寬廣且有洞察力。認知到只要我們受制於業和煩惱情緒，我們就不能找到眞正的快樂。我們把眼光設定在解脫上，不只是如此，我們看得更遠，要成佛度無量無邊的眾生。當我們開始想到這些偈頌，很自然的會帶給我們鼓舞和喜樂的感覺。

如果我們每天想要利益眾生，便會讓我們的生活充滿意義。我們的生命變得有用，我們服務他人，我們的思想及時地轉向利益他人，如同一般所說：

一般而言，我禪修對一切眾生慈悲觀；
特別而言，我訓練對一切行者清淨觀。①

如果我們慈愛全宇宙無量無邊的眾生，視他們爲最親愛與珍貴的，我們就會很自然的產生清淨觀和虔敬心。

下一句偈是：

具堅恭敬彼諸眾，

殊勝解脫令其成。

當一個禪修者，我們需要這些特質做爲基礎，但只是擁有並不夠，我們還需要努力去開展這些特質。我們的導師佛陀，以及他的追隨者——所有印度和西藏的大師們，都非常精進的致力於此。他們跟隨著上師並付出極大的努力和堅定的意志，他們是如此堅決的深化他們的智慧和了悟，穿越了滅苦之道，而我們也應該這麼做。此刻我們可能沒有任何的能力，但如果我們知道以長遠的眼光看來什麼該接受、什麼該放棄，那麼即使此刻的修行非常微弱，我們仍會將眼光放在一個更明確而長程的目標上，而且我們知道要到哪裡去、也知道如何去。我們現在短程的修行是在積聚所有成就長遠目標的正因緣。

這就是我們鑑定一個人適合修行的條件。

如何跟隨一個心靈導師

至上上師極令喜，

覺悟之道的核心是要知道如何跟隨一位心靈導師。在任何教育系統下，即使是學習一種技巧，我們都必須窮畢生之力，跟隨一位老師學習是最基本的原則。老師指導我們，我們必須努力研究，這是我們學習的方法。同樣的，當我們學習解脫與智慧之道，我們需要一位導師，他能指示我們正確的方法；對我們本身來說，我們必須展現興趣並專心一致。說到「至上上師極令喜」，論中承認我們對上師有多麼依賴，並描述上師的尊貴與至上，論中亦指出他必須完全具備資格。

在《大乘莊嚴經》中談到一個上師必須具備十種功德：

①摘自《東方雪山之歌》（*Song of the Eastern Snow Mountain*），第一世達賴喇嘛甘敦珠巴（Gendün Drup）對宗喀巴的禮讚。

調靜除德增，
有勇阿含富，
覺眞善說法，
悲深離退滅。②

宗喀巴在《菩提道次第廣論》中解釋這首偈，他說無法調伏自心的人不能夠指導別人，因此想要指導別人的人，必須先調伏自心。他說，當一個人能調伏自心時，如果只獲得一個或兩個好的特質並視它們爲了悟的功德是不夠的；相反的，我們必須根據佛陀一般性的教法來調伏自心。佛陀一般性的教法就是修行三增上學：戒、定、慧。如果拿來形容上師的話，就是「調伏、寂靜、惑除」。③

然而，僅僅是修行這三增上學並不具資格指導別人。一個眞正的上師還必須對這些不同類別的教法有充分的理解，因此我們說「經富」，意思就是多聞。

一個上師必須慈愛他人，並眞正關心他們的福祉。除非他具足關心、慈愛的態度，否則不管他有多麼博學或對教法解釋多麼深廣都無關宏旨。除非上師有慈悲的發心和利他的願行，否則很難打動他人的心或有任何效果。因此，慈悲心是至關重要的。當然，這個慈悲是需要智慧爲伴。我們不是在談論頭腦簡單的濫慈悲，這種慈悲必須結合直接深觀實相的智慧，或至少有了解實相的智識。基於智慧所產生的慈悲，在獲得解脫與全知上是非常有力量的。這就是爲什麼經典中說一個上師必須覺眞、悲深。他還必須「善說法」以及「離退」，意思是他必須有耐心，不厭不倦的繼續說法。

佛陀認爲一個上師是非常重要的，因爲他教導我們什麼該放棄、什麼該採行，因此他詳細說明一個上師的資格。他從基本教法，包括寺院規範和小乘的上師資格，到大乘教法的資格，以及金剛上師具足灌頂資格，都有詳細說明。因爲上師是如此的重要，因此佛陀在經典和密續中都說得如此明確。

---

②《大乘莊嚴經論》親近品第十九（Mahayanasutralamkara 17:10）。（譯註：依照無著菩薩論中所述：善知識應具備的十種功德：調伏、寂靜、惑除、德增、有勇、經富、覺真、善說、悲深、離退。調伏者，與戒相應由根調故。寂靜者，與定相應由內攝故。惑除者，信念與慧相應煩惱斷故。德增者，戒定慧具不缺減故。有勇者，利益他時不疲倦故。經富者，得多聞故。覺真者，了實義故。善說者，不顛倒故。悲深者，絕希望故。離退者，於一切時恭敬說故。）

③戒德是指戒律的訓練，平靜是指禪定的訓練，自在是指智慧的訓練。參看宗喀巴的《菩提道次第廣論》。

所以，跟隨一位具德上師是非常必要的，這有賴我們去檢視他是否具足這些德性。我們不應該立刻就決定某人就是我們的上師而開始接受他的指導，而應該從檢視他個人相關的德性開始。而且我們必須知道一些佛陀的教法，如此我們才能夠判斷什麼是具德上師。接著，如果我們想要跟隨某人做爲我們的老師，就必須檢視並看他是否的確擁有這些德性。

有時我開玩笑說我們應該偵查上師，我們必須從前面、後面、上面、下面檢視個清楚。不詳細檢視的話就是個錯誤，否則有可能在一開始我們有充分的信心，但是到後來發現不對勁了，因而喪失所有的信心，並想：「喔，不，我錯了！」事實上，上師並沒有變。如果他從一開始就是個凡人，他如今還是凡人而已。我們弄錯是因爲自己疏於查究。我們應該檢視一個上師的說法是否與佛陀的教法一致。如果我們確實檢視，爲自己多考慮，之後決定了這個上師是眞正的，那麼就應該跟隨他。

然而，在開始的時候，我們只視這位上師爲法友或善知識，聽他說法，這無所謂的。之後，我們決定離開法友或善知識，這並不是那麼嚴重。但是如果我們決定立刻把他當作上師，隨後又喪失信心，這樣就不好了。所以從一開始，我們就不應該讓這樣的情況發生。

在追隨上師的教法中，以虔敬心對待上師並視他的一切作爲都是正面的，一般說來非常重要。這是談到有關具德上師和具格弟子之間眞正的心靈關係。這在金剛乘中至爲重要，修習上師相應法時尤其如此。對上師單純的虔敬心在修習大手印和大圓滿時，扮演了極重要的角色，在獲得證悟以及將根本淨光心識帶入我們的經驗上至爲關鍵。對上師的虔敬心在此刻變得最重要。當然，在初學時就如此修習是很好，但這樣做並非絕對必要。

從小乘以上，佛陀教法的每一個層次都描述到如何跟隨一位上師。小乘中說，如果上師指導我們做不如法的事，我們可以拒絕。④即使我們曾經師事某上師，但如果他說的某些法與佛法相違背，我們應該拒絕他。要注意這並不是說我們應該把上師的一切都以正面的角度來看待。在大乘經典也是這樣，它說只要上師說的是善法，我們就應該遵照；但如果上師說的是惡法，我們就不應該追隨。如果上師是依循正道指導我們，我們就應該依教奉行；如果他沒有依照正道指導我們，我們就不應該據以修行。我們應該跟隨上師所教導的善法去做，如果他教導的是很奇怪的法或不善法，我們就不應該去做。即使無上瑜伽密續也這樣說：

④ 達賴喇嘛緊跟著宗喀巴《菩提道次第廣論》這一部分的說明。這是引述自德光（Gunaprabha）的《律典釋論》（*Vinaya-sutra*）和《大乘寶雲經》（*Ratnamegha Sutra*）。

眞是超力不能爲，
則善言恭敬稟白。⑤

無論如何，我們必須要會辨別什麼是對的、什麼是錯的。不要認爲自己沒有能力獨立評估何者爲對、何者爲錯，用你的智慧和洞察力。我之所以強調是因爲我認爲這很重要，是你們應該要了解的。

在過去有一些師徒之間的傳說，像帝洛巴和那洛巴或是馬爾巴和密勒日巴，他們的一些作爲似乎有違常情，但他們都是非常高度證悟的大師，他們的弟子都是眞正具格的學生。我私下也認爲，時下的師徒關係很難和過去偉大上師和弟子之間的關係作比較。

這就是爲什麼佛陀在這個主題上說明得如此詳盡的原因。總之，從一開始我們就必須檢視一位上師是否具足這些必備的德性。接著，即使我們曾經師事某人爲上師，仍然必須檢視他的說法是否有違佛陀一般性的教法，如果有不如法之處，我們就必須認爲是錯的。

論中說：

至上上師極令喜，

有三種主要的方式令一個具德上師歡喜：首先是物質供養，其次是爲他完成一些任務，第三就是依照他的教法修行。在這些之中，最重要的就是依教奉行。這意思是說我們必須信賴眞正的上師，他具足三增上學的一切功德而且獲得全知，否則也是在成佛的道路上有較高階的進展。當這樣一位上師指導我們時，我們就不會陷在煩惱之中，而會使我們集中心力在解脫與全知上。如果我們能勤勉專注的據以修行，便是令上師歡喜最好的方法，也是我們對諸佛菩薩最好的供養。累積福德和清淨業障沒有比這更好的方法了；爲了此生和來生，也沒有比這更好的修行方法了。

⑤ 這句偈出自馬鳴的《上師五十頌》（*Fifty Stanzas on the Guru*）第二十四頌。宗喀巴的《菩提道次第廣論》有引述。（譯註：如果你無法適當地遵照上師的指導去做，就以禮貌的、尊敬的言語婉拒。）

修行：串習的力量

以聞思修調自心。

當我們談到論中此偈「聞思修」的修，具有嫻熟的意思。對於修行，我們必須開發出嫻熟並成爲習慣。當我們還受凡夫心識支配的時候，凡夫心識是受煩惱的支配。在內心中我們想要快樂，但我們卻不會做一些讓自己快樂的事。我們不想要痛苦，但是痛苦眞正的因——煩惱，卻接收並控管我們的心。我們必須找到方法控制自己的心。

現在，我們可能很清楚的看到煩惱是災難，但同時我們又深爲煩惱所苦。我們可能知道某事是不對的，但仍然做著不適切的行爲、言語、思維，所以我們必須找到方法控制自己的心。當然這有許多不同的技巧，但不管我們選擇哪一種，我們需要阻止心跟隨著錯誤的道路，使心走入正道。爲此，我們需要增長內心的善德，現在它可能還很微弱，唯一能夠成就這個的只有靠修心，讓善的習氣慢慢養成。這是唯一的方法，沒有其他的辦法了。如同一般所言：「習慣成自然。」

對某事越熟悉，力量就越大。此刻煩惱如此容易在心中生起的原因，且強而有力，就是因爲我們早已習慣它。同樣的理由，唯一增強對治這些煩惱情緒力量的方法，就是讓我們的心習慣這些對治法，如此我們就會越來越習慣它。

所以，禪修眞正的意思就是讓我們的心更熟悉於一些正面的情緒，爲了有效的轉化，因此我們定有短程和長程目標。如我先前所說，爲了達到效果，我們必須藉著思維我們的目標而開始，並爲自己做個決定，認爲這是眞正有價値的也是値得的，意即我們需要經過「思維」和「修證」的過程。即使是在實踐之前，我們也要有清楚的概念，什麼是有關的、什麼是無關的，什麼是它的利益、什麼是它的障礙等等，這個意思就是說我們應該要「聽聞」。因此，很清楚的有三種智慧必須次第開發——聞所成慧、思所成慧和修所成慧。

論中說我們應該透過聞、思、修「調自心」，有時我們同樣用「調伏」這個字來談論淨化那些不淨的或負面的東西和障礙。在論典中意思是一併清淨或除去某種東西使它不存在，但此處我們不是在討論把心給除去，而是要訓練心並淨化心，使心從任性和失控的狀態變到守戒和調伏的狀態。有時我們也談論到「清淨或淨化自性」，意思是我們讓過去不曾彰顯的使得它彰顯。

論中接著說：

特於眞實口傳訣，
勤而續修若晝夜。

如所周知，我們必須透過聞、思、修調伏自心，此論中是透過口訣傳承的聞、思、修讓心達到究竟清淨，透過訓練自己，我們對心產生強烈的熟悉感，這是指大圓滿的修習，在此我們將凡夫心識和清淨本覺做一清楚的區隔。

剎那亦不隨凡俗，
世夫勵行眞實義。

「隨凡俗」可以包括很多事：對此生的關注、對來生的關注、考量自身的福祉、執著諸法爲實等等。這在經典和密續的不同文義中，意思亦稍有不同。但無論怎麼說，這句偈的意思是我們應該全心專注在修行上，不能一刻讓心受到普通、世俗事務的干擾。

整合佛陀的教法

其次，在修行時，我們應該知道如何整合不同的教法：

聲聞菩薩與持明，
三種律儀不違犯；
防禁自心成利他，
所現應變解脫道。

這點非常重要。明確的說，這句偈指出我們修行應該整合佛法的所有層次和面向，聲聞的戒律是別解脫戒，我們應該持守，持明的菩薩戒和三昧耶戒也要持守。簡單的說，我們必須是一個不違犯三律儀的持明。

當我們談到九次第乘，不只是理論的描述，而是要實地了解並據以修行，這就是在一些禪修手冊裡解釋的，我們必須找尋一個方法來修習此九乘。換言之，有一種方法可以使我們同時修習此九乘。這些手冊並未提及我們應該先修聲聞乘，接著轉到辟支佛乘等等，而是我們應該跟隨一個方法能夠同時擁有聲聞乘和辟支佛乘的特質。例如，一般談到我們要修聲聞乘的特質時，是指四聖諦及其十六行相如無常，以及三十七道品。這個修行與緣覺乘觀想十二因緣是共通的，包括正向和逆向的次序。⑥接著，我們應該修習菩薩乘——菩提心，其根本就是慈愛與慈悲，以及六度波羅蜜。其中包含了般若智慧，也就是空性見。這與外三密的修行是一樣的：我們並不逐一的去修習。我們選擇每一種的元素，所有的都是重點，整合在我們的修行中。

在大圓滿的修行中，我們以智慧爲道；它無修而修，並超越了所有以凡夫心識爲基礎的方法。然而，所有這些基礎修行方法的重點，都必須完全整合在大圓滿法中。所有這些不同層次教法的關鍵點都必須在大圓滿中，這就是大圓滿的特色，使得大圓滿深奧而有力。

無庸贅言，如果我們像這樣修習了所有不同層次的教法，我們就具足了這些教法的知見和智慧。

初學自利爲首修，

靜地守心離散鬧；

對治調染去惡緣，
見修不違虔修法。
五毒自性所生者，
刹那正念而能獲，
不散而依於對治。

雖然我們總是發起菩提心並誓願救度一切眾生，但是身爲初學者，首先我們必須攝心並全心集中在身、語、意的淨化上，讓我們的心更平靜和調伏。

這就是爲什麼我們要護念自心不被散亂和忙碌所攫奪並遠離惡緣的原因，正如我們「對治調染」一樣。我們試著去避免會激發煩惱的情況，即使碰到了，我們也必須確定沒有被煩惱席捲而去。如文所說，我們的知見和行爲必將和諧。我們可以說這個知見就是顯密共通的中觀見，或是

⑥ 十二因緣是：(1)無明，(2)行，(3)識，(4)名色，(5)六入，(6)觸，(7)受，(8)愛，(9)取，(10)有，(11)生，(12)老死。這十二因緣的正向順序是說明輪迴的過程，即流轉門；逆向則是說明停止的過程，即還滅門。

空性見與清淨見的結合。不論哪一種情況，從絕對的觀點來看，外相的豐富性和多樣性不會對我們造成利益或損害，但是對於所有的行爲，我們還是要小心謹愼。我們的知見會增強我們的行爲。如果我們眞正了解顯密共通的中觀見之要點，如我所說，它與緣起法非常接近。空性意味著緣起，因此我們對於知見的領悟會使我們的行爲更加的謹愼小心。

論中談到「五毒」的生起，五毒是指我們平常的無明、貪著、瞋恨、傲慢和嫉妒。⑦當我們修習上師相應法時，可以轉化煩惱爲智慧。當煩惱情緒還沒有被轉化時，稱爲「平常的」。

一個煩惱情緒是心處於苦惱或被折磨的狀態，並破壞我們內在平靜的經驗，不僅會削弱並磨損我們，同時也會製造痛苦和不滿。這是對於煩惱的一般定義。當煩惱生起時，會使我們內心失去平靜。

煩惱有幾種不同的型態，像是五毒。論中提到只要五毒在我們心中生起，我們便必須像敵人已經入侵我們的心一樣，毫不遲疑的起而對應，不能讓時間流逝，應及時提出對策來對治煩惱。

大圓滿對於五毒如何轉化爲智慧的解釋，可能是所有教法中最清楚的。通常這個主題很艱深、很難了解，但是，它像這樣：五毒的本質被覺性或淨光的一個樣貌所遍滿。如果沒有執著，透過此淨光的覺性，我們可以認知到情緒的本質——究竟、本有的特質，會轉變爲智慧。關於這裡，需要很多的思考。

正念、正知和良知

能知三業不放逸，
知羞有慚調自心。

當我們試著要確保身、語、意業沒有退步而且適度的控制，要使用的主要工具是正念和正知，而這兩者的基礎就是良知。如果不能知羞有慚，就不可能開展出正念和正知。

一個好的比丘，即使是在夢中，仍然會有這樣的念頭：「我是一個比丘。」如果他有隨此念頭而來的良知，當有一個不善的想法生起時，他會想：「喔，那是不對的。」並以正念察覺自己。接著，他就會藉著以正知警惕自己而使不善的念頭不再生起。因此，良知是其中最重要的。

⑦「平常」（ordinary）這個字此處是指一個情緒在它自己的軌道上延續，沒有任何的矯正或處理。

是正知在檢查或站崗，看看我們的身、語、意業是善是惡。接著，想像我們準備做一件不適當的事，突然間警覺到這是錯的，然後選擇不做，是出於自己的道德感，這就是知羞。另一方面，如果我們認知某事是錯的，我們出於考慮他人而克制不做，這就是有慚。藉著修行知羞和有慚一段時間，如數月或數年，我們就能自我約束並調伏自心。

世法八風

毀譽破立稱與譏
等同夢幻而無實

這句偈是指世間法的八風：利、衰、毀、譽、稱、譏、苦、樂。喜歡人家讚美而不喜歡被批評；喜歡快樂而不喜歡痛苦；喜歡得到而不喜歡失去；喜歡名聲、被推崇而不喜歡恥辱、被拒絕。我們都經歷過這些，不是嗎？在輕微的程度上即使是動物都有。

我想所有人都特別關心保有好的聲譽，例如，當我坐上這個說法台，在我內心深處，偶爾會興起這樣的念頭：我做得如何？人們對此將作何反應？他們會讚揚我嗎？還是不會……喔！進行得並不順利。人們會批評我嗎？當這些念頭生起時，我需要拉回自己，並對自己說：「看，既然我坐在此台上說法，就不能受到八風的影響。」

然而，我們會發現期望、恐懼和各種散漫的念頭都會跑到內心之中。即使是很清淨的出家人，有時內心都不免隱藏著一些人們是否會給我幾句讚美的念頭。更糟的是，他們可能會爲了貪求供養或受邀舉辦法會，而開始嘗試讓別人留下深刻印象。類似這些念頭眞的是很可怕。世法八風會蔓延到我們身上，悄悄地且偷偷摸摸地，即使我們做了很善行的事，也會找到縫隙滲進來。

如同《入菩薩行》所說的，稱讚和好的聲譽對我們的壽命和健康毫無幫助。或許很多人對我們的讚譽可以使我們變得更富有一些，但是除此之外，讚譽並無法使我們變得長壽或更健康，或者在其他方面對我們有好處。如果人們詆毀我們，並不會使我們生病或變得不健康，也不會使我們的壽命減短，對我們沒有絲毫實質上的影響。

如果我們眞正停止思考關於稱讚和批評，將會知道這些一點也不重要。不管我們是受到讚譽或批評都無關痛癢，唯一重要的是我們要有清淨的發心，並讓因果法則作見證。如果我們眞的是忠實正直的，不論是稱讚或批評，對我們而言並無不同。全世界可能爲我們歌頌，但如果我們做錯事，還是會因為後果而痛苦，我們無法逃避。如果我們是出於清淨的發心，即使三界的眾生都批評我們或指責我們，但是沒有人能使我們痛苦。根據業的法則，每一個人都必須個別地為自己的行為負責。

藉著了知這些念頭完全是虛妄不實的，如夢如幻，我們能使這些念頭停止下來，當人們讚譽我們，我們高興得滿面紅光，因為我們認為被稱讚是很有益的，但那就好像彩虹或是夢境一般。從稱譽和喝采而來的利益，不管看來增長了多少，實際上卻是一點也沒有。不論它看來多麼令人信服，仍像是魔術師的幻象一般不實。因此龍欽巴建議：

谷響之名修隨忍。

就是以這樣的方式，當某人說了一些事對我們有害或使我們不愉快，我們必須學習忍耐和克制，並提醒自己，他們的話就像山谷的回響，是虛妄不實的。

第十章

自我和無我

接觸貪著與瞋惡的根

接下來的偈說到：

斷我執心之根本。

我們必須斬斷對自我或我的執著，此處空性的甚深見變得非常重要。如我稍早所說的，所有煩惱和問題的根源是，從對於我和自我的執著而生起。如同月稱在《入中論》所說：

慧見煩惱諸過患，
皆從薩迦耶見生；
由了知我是彼境，
故瑜伽師先破我。①

所有的過患都來自於對我執的結果。讓我們檢視一下貪執與瞋惡的發展。在貪執的例子中，我們專注於愉快的事物上，我們希望擁有它且永不失去。至於瞋惡，則是我們亟欲擺脫的不愉快事物。當我們感到貪執或瞋惡時，我們歸因於對象的特質，而從不會想到我們自己感受所扮演的角色。我們認為貪執與瞋惡的對象是天生的善或天生的惡，這長養了一個信念，認為它們的特質是無法改變的。例如，我們看某人或某件事，今天看來是非常好的，接下來幾天看來卻是非常壞的，這很難令人相信，我們認為這幾乎是不可能的。因為當我們對貪執或瞋惡產生最初的反應，我們認為是對它本自實存的特質在做反應。一個真正自性存在的特質是永遠不會改變的。如果某件事是好的，就必須停留在好的層次，永遠不會改變；如果某件事是壞的，也應該永遠如此。這是我們看待事物的方式，使我們對於認為是好的事物產生貪愛，不好的事物產生瞋惡。

除了這個信念，我們對貪愛與瞋惡的對象認爲是天生的好或壞之外，我們也認爲某事是好的，乃因爲這對我有利；某事是壞的，是因爲這對我不利。在這些例子中，我們認爲好的有利於我、壞的有害於我的自我感覺非常強烈。

因此，不只是我們認爲貪執與瞋惡的對象是眞實的好或壞，而且我們認爲自我——那個能感受貪愛與瞋惡的人，覺得受益或受害也是眞實不虛的。這使得我們在「自」和「他」之間製造了一個分別，從而對於認爲與我們同一邊的產生貪愛，與我們對立或利益衝突的他方產生瞋惡。

爲了減少我們的貪愛與瞋惡，可以思維貪愛對象的負面特質，以及瞋惡對象的正面特質。或者，我們可以思維生氣與瞋惡的過患，以及它是如何傷害我們的，並透過此作爲啓發開展安忍與自制。這是我們可以用來減低貪愛與瞋惡的一種技巧。但是我們細思，感覺貪愛與瞋惡的眞正基礎是我們有一個自我的信念，我們認知的對象是如此，而且有一個自我因它而受益或受害。是這個強烈的信念——視諸法與自我爲實有，引起貪愛與瞋惡的反應。

①月稱菩薩《入中論》。

自我感

然而，如果我們深思激起我們貪愛與瞋惡的對象，將會看到它們並非像我們當初想像的那樣是實有的；同樣的，如果我們深思假設被這些對象利益或傷害的人時，也將發覺並沒有一個這樣的自我。接著，當這兩者——諸法與自我，對我們似乎不再那樣的堅固眞實，我們的貪愛和瞋惡就不再有任何的基礎。當初看來是如此堅固穩定的基礎，將會開始崩潰且看來虛幻不實。

這是我們確實要花點時間思考的，我們應該想想當我們起貪愛與瞋惡時，我們的心經歷了什麼。首先，我們會發覺有一個強烈的自我感，一種「我存在」的感覺；且不只是「我存在」，而且這個「我」是獨立於任何事物之外的。

在佛法的哲學傳統裡，我們談到「四法印」，即：

- 諸行無常
- 諸漏皆苦
- 諸法無我

• 寂靜涅槃

＊如我們先前所見，諸法是因緣而起，所以是無常的。聚合的事物如同所有緣起的現象，都是依靠特殊的條件，這個意思也是如此，亦即它們是無常的。

＊接著，聚合的主要原因是無明，因無明而起的一切都是苦的。所有緣自於無明的諸法，稱爲「有漏」的，其本質就是苦的。

＊第三法印稱爲「諸法無我」。我們剛剛提到諸漏皆苦，但是有可能從這個痛苦中解脫，理由如下。因爲我們是無明的主體，造成我們痛苦的無明，基本上是對於諸法產生誤解，我們認爲諸法是眞實的，但事實上它們是不實的。實際上，諸法是空無自性的。如果我們採取佛教各派普遍接受的觀點，「無我」的意思主要是指沒有堅實的自性。我們歸因於諸法有「我」和「我所有」的感覺，事實上是不存在的。這說明了我們煩惱的根源無明是可以去除的。

＊當我們去除了無明，涅槃確保眞正與恆常的快樂，這就是所謂的「寂靜涅槃」。

所有佛教的不同派別都接受無我的觀念，他們都同意一切痛苦煩惱的根源皆是由於強烈的我執。簡單的說，他們主張在聚合物之外沒有一個自我或個人獨立存在。如果我們深思，一陣子之後會慢慢的削弱或降低對自我，即對一個獨立實存的自我的執著。並沒有一個獨立實存的自我，這個簡單的了解可以消除我們相信這種信念的習氣。

當我們對古印度哲學派別分類並描繪佛教徒和非佛教徒時，那些贊同有自我信仰的人被歸類爲非佛教徒，那些駁斥有自我信仰的人被認爲是佛教徒。在教法中有說，事實上：「對於自我見的主張或駁斥，就是區別他是否爲佛陀弟子的關鍵。」②

欲望或執著

讓我們舉個日常生活的例子來思考欲望或執著。想像我們去購物時看到想要買的東西，接下來發生的事有兩個階段：首先，只要我們看到目標，就會認爲那是好的，這時候還沒有起任何的執著。此時只有一種感覺，目標是眞的，但還沒有起執著。接著，下一刻，我們開始思考這個目標，我們對自己說：「嗯，這眞的好，我就是需要這樣的東西，這個東西也眞的很適合我。」在那一刻，我們的心似乎完全被東西所吸引，感覺這個心好像被吞沒了，這就是所謂的執著。接著，受到欲望和執著的驅使，我們買下了它。一旦我們擁有它，這個新的所有物似乎更有吸引力。同樣的對象，但因爲現在我們對待它如同與我們自身有關，它是我們所擁有的東西，它似乎更珍貴、更令人滿意。

接著，想像你到一家商店看到美麗的東西，不知何故東西突然掉在地上並打碎了，你有一點震驚和失望，但是你不會沮喪。相反的，如果你付錢買下這個物品，卻掉在地上摔碎了，你會感到一陣搖晃，好像心頭被揮了一拳。當我們開始把某物與我們緊密的關聯在一起，或與自我感連結時，我們便會對它感到緊緊的依戀。

如果你思及於此，那是相當明確的。在開始時，心是以好或壞來評估事情，但只要與自我感一連結，貪愛和瞋惡就會突然出現。一旦我們感到貪愛，也會很容易感到同樣程度的瞋惡，因爲瞋怒隨著欲望而來。對我們有利的事物，我們產生貪愛，但只要我們懷疑這些利益處於危險狀態或是受到損害時，我們便會感到同樣程度的憤怒或敵意。

② 這句話是摘自蔣揚桑巴的《哲學原論》（Jamyang Zhepa, *Root Text of Philosophical Tenets*）。

憤怒與瞋恨造成的傷害

然而，確實造成我們傷害的是我們的憤怒。真正的傷害、真正的暴力，是憤怒加害於我們的。我們感到憤怒的那一刻，我們的心變得激動而不安。我們心中所生起的怒氣甚至會改變我們的整個外觀，我們的臉孔變了，變得凶惡而醜陋。我們的呼吸變得不均勻且猛烈。我們整個說話的態度改變了，我們咆哮出刺耳且惡意的聲音。這是真正的暴力，這就是憤怒對我們所做的事。接著，我們感覺痛苦，對他人咆哮的同時，也傷害了他人。然而，所有這些傷害的始作俑者是我們的憤怒。

與憤怒相較，欲望似乎更溫柔、令人愉悅、更友善，但事實上是欲望引起我們的憤怒與瞋恨。

不言可喻，從修行的觀點，貪欲和侵害不只是個問題，更引起了我們個人和整個社會的種種麻煩。只要有人的地方，問題都差不多，不管他們是居住在一個小村莊或大城市、在西方或東方、是貧窮還是富有。如果你拿某個經常被貪欲和瞋怒所苦惱的人與少欲知足的人做比較，少欲知足的人絕對比較快樂和自在，這是毫無疑問的。被強烈貪愛與瞋惡所困的人，不會感到安定和快樂。你可以看到這對於家庭生活的影響。對於比較放鬆的人，他的家庭也比較平靜，並沒有那麼多的口角和爭執。這是我們可以在自己的生活經驗中觀察到的。

審慎的思考這一點，你可以看到的確無法滿足因強烈貪瞋情緒所生起的欲望，它們是貪得無饜的。看一看憤怒，當我們突然陷入盛怒之中，我們無法摧毀激怒我們的每一個人或每一件事。如果有一些昆蟲干擾我們，我們可能會重拍牠，讓自己好受些，或讓我們有一點小小的征服感，但就是有那麼多的事情激怒我們，使我們生氣。我們無法摧毀全世界！事實上，歷史上沒有任何人曾經成功的滿足由貪瞋所激起的欲望。

只要你被漫無止境的貪欲和瞋恨所宰制，就絕不可能快樂。但是，除了喜悅和安樂之外，快樂還有一個意義，那就是滿足。當我們滿足的時候，我們才能放鬆感到自在。只要我們不滿足，快樂就會逃避我們。而阻礙我們滿足的，就是貪欲和瞋恨。當貪欲和瞋恨在我們的生活中越是顯著的表現，我們就越不容易找到滿足。所以你可以了解在個人的層次上，是貪愛與瞋惡對我們造成最大的傷害。我們看看其他人也一樣，我們可以了解貪欲和瞋恨確實是所有衝突與爭議的源頭，而不是人本身。因此，分辨個人和他們的貪瞋之別是很重要的。

如同我們所觀察的，煩惱擾亂我們的心，有著生理層面的影響，使我們更容易產生健康的問題。這個證據是非常明確的。我常提到生理學上的研究顯示，在對話中頻繁使用「我」和「我的」這些字眼的人，也就是說，他們強烈的被自我所迷惑，這些人在心臟病方面面臨著比他人更大的危險。③這的確是重大的發現。

當我們被貪愛和瞋惡所驅使時，對我們的心的確是個折磨。想像一下，例如一天工作完畢回家，當我們到家時只是放鬆喘一口氣，這是我們恢復精神的時機。我們可以很舒適的坐在家中，沒有人在一旁打擾，但如果我們的心不安定，便會發現自己無法放鬆休息，晚上在床上將輾轉反徹，無法成眠。如果我們無法自拔時，會訴諸藥物或鎮定劑。接著，當絕望來臨時，我們變得自我毀滅並轉向酒精和毒品，即使知道那是有害的。當心被貪愛和瞋惡所蹂躪時，會使我們的生活陷入慘境。

我要半開玩笑半認眞的說一個故事。讓我們想像一下，我們有個鄰居，他因爲某種理由而不喜歡我們，總是想要和我們爭吵或是勝過我們。如果我們受到挑釁而感到憤怒或仇恨，這些忿恨對他並不會造成一點傷害，但是對我們卻會有立即的影響：將會攫奪我們內心的平靜。接著我們將無法思維，我們失去胃口。或如果我們想吃東西，食物也全無滋味。我們有睡眠障礙。如果有朋友來訪，我們無法發洩情緒，我們能對自己說的就是：「爲什麼他要來打擾我？」話傳到其他朋友的耳中，他們會驚訝於聽到我們個性的改變，我們不再是好夥伴。人們不再前來，接連著很快就不再有訪客了，最後，我們就只留下悲觀憂鬱的想法。我們甚至無法外出欣賞自家園中的花朵，我們把自己困在屋內，被憤怒、怨恨的念頭擾動，氣餒、沮喪，我們的頭髮轉爲灰白，變得比同年齡的人還老。

如果事情是這樣發生，我們的鄰居將會很興奮，因爲這是他所期望的。他想要傷害我們，當他看到我們變得如此孤獨、悲傷、沮喪，他會喝采並想：「我已經做到了。」

但換一種情況，假使鄰居用盡一切方法刁難我們，而我們依然平靜自在，吃得好、睡得好，我們如常的探訪朋友，享受所有生活的樂趣，這會怎樣呢？他會被激怒。我們不但健康如昔，且鄰居想要傷害我們的欲念也受挫了。

憤怒唯一能夠成功的就是擾亂我們的心，但卻不能傷害我們的對手分毫。

再者，生氣是完全無效的。有一個很可笑的例子，想像你手中有一根棍子，你的脾氣失控

---

③ 達賴喇嘛所指的是生理學家賴．許威茲博士（Dr. Larry Scherwitz）所做的研究，他錄下了六百個人的對話，其中三分之一有心臟病，其他人是健康的。他發現經常使用「我」、「我的」、「我所有」的人，屬於心臟疾病的高危險群。他做出結論，在說話語態上自我的程度，是心臟病和壓力相關病症高危險的指標。

了，慢慢的激動起來，你想要打人，因而不分青紅皂白的向四方揮打，你可能打到任何東西，可能重擊到自己的腿。相反的，如果你非常鎮靜，有個勝利的微笑在臉上並對準目標，那麼你一定不會搞得一團糟。

貪愛與瞋惡：廣闊的意涵

貪愛和憎惡絕對只有傷害而無其他。但仍有一些人相信這個非常有力量的情緒可以使得生活更刺激，並給生活增添一些色彩。他們認爲如果沒有貪瞋情緒，生活將會乏味、沒有顏色、失去所有的活力。有時候我們確實會有讚許別人擁有欲望和侵略性的傾向，想像他們非常強壯，能保護他們所愛的人並對抗敵人。但如果他們審愼思考龍樹菩薩所說的：

如搔癢謂樂，
不癢最安樂。
如此有欲樂，

無欲人最樂。④

確實是如此，這無須和宗教有關，這只是生活中的事實。煩惱，尤其是貪和瞋，使我們的生活陷入慘境。它們擾亂我們，是一切問題的責任所在。

在現代社會，我們都承認缺乏知識是一個損害，我們會盡一切力量去彌補，讓我們的孩子接受教育。每個人都同意讓孩子上學是至關重要的，今天在先進國家，沒有受教育就等於失去所有的機會。文盲或是沒有受教育將很難生存——欠缺知識和教育是貧窮與困苦的根源。這就是爲什麼我們要投注精力和資源在教育的原因。然而，當貪愛與瞋恨在生活中引起這麼多的問題時，爲什麼我們卻沒有對治並試著減低它，如同我們透過教育根除無知一般？我想這的確值得嚴肅思考。

當然，我們會說貪愛和瞋恨是很自然的，是我們與生俱來的性格，但無知不也是嗎？我們並不是生來就受過教育的，所以這沒有差別。其他的物種停留在這樣的狀態幾百萬年了，但是人類視無知爲一種過失，因此我們努力的教育自己。在某一方面，這使得我們的生活更加複雜，並給

④ 龍樹菩薩《寶行王正論》雜品第二，六十九偈（Nagarjuna, *Ratnavali*, 2: 69）。

予我們更多的思考，所以這是件好壞參半的事。但我們都看到無知是一種過失的事實，這確實是正確的。我們必須去除無知以及文盲。但如同無知會在生活中引起許多問題一樣，這些像貪愛與瞋恨的負面心理狀態，也要爲無量的痛苦負起責任，我們的社會也應該找到一些方法來對治。我不是在談宗教或是靈修，因爲這關係到整個社會。

真正的安忍與自制

當我們對人生氣時，通常是因爲他們做了傷害我們的事。但是對這種情況眞正有幫助的，是要清楚區別行爲和造下行爲的人。這和忍耐與自制的開發有關。無疑的，能夠阻止我們對他人生氣和憤怒的最重要特質就是安忍。

然而，安忍不能解釋爲順從地接受別人的虐待而毫不加以反抗。我們必須正確地了解，如我先前所說，許多人認爲對貪欲和瞋惡情緒表現得較爲強烈的人，是能力比較強的，因爲他們堅持自己的想法。你可能會錯誤地以爲從貪瞋念頭中解脫、開展慈悲心、修習安忍，只是意味著容忍別人對你在身體或口頭上的侮辱，但實情並非如此。我們不應該接受任何人的虐待，而要勇敢的面對並採取行動制止。在此同時，我們不應該對引起傷害的這個人感到任何的憤怒或怨恨。

有特殊的理由讓我們要對他感到慈悲。我們有必要對此作一些反思，當我們做了一些錯誤的事時，稍後我們會感到懊悔並對所犯下的錯誤懺悔，我們會把自己和做錯的事之間區隔開來。但是，當這件事是他人傷害我們的時候，我們不會立刻把行爲和作惡者區隔開來，而會用這個傷害的行爲作爲對此人生氣的藉口。然而，我們應該像對自己的例子一樣作區隔才是。

再者，我們會把自己做的不正當行爲視爲錯誤，我們也應該了解，身爲貪瞋煩惱情緒的犧牲者，對方也犯了錯誤。這就是爲什麼我們要生起慈悲心。從我們自身的經驗，我們了知被衝動的貪瞋情緒所淹沒時的感覺，它像什麼，它感覺有多可怕。如果我們記得這是別人正在經歷的經驗，很自然的，我們會對這個傷害我們的人生起慈悲心。這是眞正的安忍與自制。同時，如果他的行爲是不公不義的，我們就應該勇敢面對、處理並制止。

人無我：「我」和「我所」的空性

在佛陀的教法中，防止貪瞋習氣的方法不只是看到它們的過失並暫時轉移它們，而是拔除它們的根：緊抓或執著自我的感覺。執著有幾種不同的形式，在此是指緊抓著一個實我的觀念，這是精神物理學上的身心聚集，是獨立自主的，受它的控制。自我看起來是這樣，而這種信念我們稱爲「我執」。

因此，我們藉著建立獨立實存的我執並不存在開始，一次又一次地進一步深入思維反省而變得逐漸熟悉。在某些時候，雖然自我的觀念仍然會因爲堅固的習氣而頑強的生起，但我們終究會達到這樣的階段：當我們尋找我或自我時，從頭到腳完全都找不到。如果確實有一個自主的自我在五蘊的主宰之下，我們應該可以在身或在心、或在粗細不同的意識狀態之中找到。但它太難找了。當我們發現並沒有一個獨立自主的我出現，這對我執是一種衝擊，我執就會逐漸削弱、減緩。

在佛教的不同派別中，毗婆沙部和經量部只了解人無我，或是人我空，他們並沒有談到法無我。如我前面所說的，這種人無我的知見，幫助我們減低對於「我」的觀念執著，也減少了與自我感覺緊密關聯的貪愛和瞋惡——視事物爲「我的」，並加以分別是好或壞的結果。但這還沒有破除對諸法自性空所產生的貪瞋執著。

法無我：唯識見

除了人無我，知見更高的唯識學派和中觀學派談到法無我。他們認為即使是我們的經驗，例如五蘊，也不是像它們所顯現的那樣堅固、實在。這個作用有很多層次。唯識學派的研究是分析我們日常存在的現象，像是身心五蘊，將它們分解成構造部分，一直到最小的分子，並展示在其中找不到任何東西，這使得我們對每天接觸的事物都以為是眞實、穩固、實在的一事感到懷疑。換言之，我們開始挑戰外在事物有其自性、獨立於我們主觀投射之外的假設。這個過程引導我們得到一個結論，當心理解外在事物時，這些現象有同樣的本質。

這如何幫助我們破除諸法實有的假設所產生的貪愛和瞋惡呢？問題來了：如果諸法非實有，那它們是如何存在的？答案是，它們是因爲我們意識內深植的習氣所引起。這有一點難理解。一般說來有四種習氣：名言習氣、等流習氣、我執習氣、有支習氣。⑤

讓我們把這四種習氣和我面前這朵花的認知作個連結。當我們分析這朵花時，發覺並沒有一

⑤ 這種分類出自《楞伽經》。

個固有的本質在其中，因此我們會懷疑它到底是什麼。根據這項陳述，了知這朵花的心和心所了知的這朵花，都是從根植於如來藏識的習氣所生起。在過去，我們對類似的花曾有過認知，當這項認知暫停時，他們變成習氣潛藏在如來藏識中。當它們碰到因緣成熟時，這些習氣就起作用——部分由客體而來，部分由認知的心而來，兩者都是同樣的本質，都是從同一個相續流變的因或種子而生起。因爲認知的主體和客體都是從同一個種子而來，所以我們說它們是同樣的本質。這就是透過等流習氣的覺醒而來的認知。

標示這是一朵花的基礎是名言習氣。此處變得有點複雜，因爲標示的基礎是依據其自身的本質而存在。無論如何，有一些標示的基礎不是從它自身的本質而來，但卻是它顯示出來的樣子。我們執著於它所顯示的樣貌，這就是我執習氣，同時也是有支習氣，但主要還是我執習氣。就是這樣解釋的，所以即使是單一的認知，也牽涉到來自不同習氣的不同印象。

例如，這朵花顯示爲一朵花的事實是根據等流習氣，我們把這朵花標示爲一朵花是基於名言習氣，我們使用花的標示印象是來自於我執習氣。這個印象是錯誤的，是被否定的，換言之，是需要駁斥的。

無論如何，如果我們駁斥外在的事物，就必須對輪迴與涅槃的諸法提出一個二擇一的解釋。

因此，根據唯識學派的解釋，這些外相都是因爲習氣啓動而生起的意識作用。如果我們進一步解釋其運作過程，將會很複雜，然而重點是，諸法只是能覺的心和它的理解而已。這就是他們解釋法無我的方式。這樣的解釋是有幫助的，因爲當我們看到這些引起我們貪瞋的外境在我們的覺知之外並非實有，就會減低我們的貪愛和瞋惡。然而，唯識見者仍屬於實有論，他們將內在和外在作了區別，認爲外在諸法並非實有，而內在能覺的識確是實有。

法無我：中觀見

根據中觀見對此進一步深觀，這些能知所知的現象並無內外的區別，我們發覺所知的境與能知的心都空無自性。貪愛和瞋惡都是心理狀態，而所有心理狀態都是空無自性的。

因此，透過禪觀人無我，我執會降低；透過禪觀法無我並了悟我們所經驗的諸法並非實有，我們會更加看清諸法如幻。我們開始減低認爲諸法是堅固不變的習氣印象，同樣的，所謂好壞的觀念，好只是曾經好、壞只是曾經壞而已。這就是了悟無我並從根斬斷我執的方法。

第十一章

生、死與修行

讓我們回到龍欽巴的論著：

凡諸所作不違法，
防禁自心不惱他。

要避免身、口、意所作皆不違犯佛法的方式，如前所述，就是要開發正念、內證思維、自覺，這樣才能夠不惱害他人。

剎那不隨於染汙，
晝夜行善極精勤。

末法時人多頑劣，
靜處精勤先自利。

龍欽巴指出，當今有許多笨拙的、剛強頑劣的人，他們很難爲他人帶來利益，所以找一個偏僻的靜處先成就自己更重要。爲闡明此，他說：

如翼未豐不能翔，
證量不具難利他。
虔修自覺後覺他。

散亂憒鬧魔誘惑，
自心無惑勤修法。

如果我們利他的努力只是表面的，我們被散亂、煩惱、欺騙宰制，我們會假裝修法或是做一些利他的事，雖然我們並沒有做。不論它看起來有多高貴，事實上我們並沒有成就任何事。龍欽巴稱這是「散亂慣鬧魔誘惑」。

無常與死亡的訊息

莫到死時痛且悔！

在我們的生命歷程中，我們會藉著吹噓自己的成就並掩蓋自己的弱點，而讓別人留下深刻印象。在某種程度上這麼做有用，而且也會僥倖成功。但是當死亡來臨時，就沒有任何詭計的空間了。我們的力量完全使不上，我們的財富和資產無法清償任何人，事實上我們什麼事也不能做。當死亡臨近時，每個人都必須深思並深觀自心，沒有任何的藉口。我們必須自問：我此生做了什麼？現在我就要死了，我有眞正的信心嗎？我是否感到滿足？如果我們說不出所以然，那我們是十足的愚痴。龍欽巴的言語是：「不要到了死時才痛苦懊悔。」

故今觀心預稠繆，

西藏人在此處表達的意思是心要先做好準備，就如同一塊田已經做好播種的準備。

試觀現死何攜去？
何往何變不得定，[1]
於此晝夜散亂擾，
暇圓無義而浪費。
唯一靜處觀眞義。
現今妙需終望處。

換言之，我們需要現在就開始修行，如此才可以成就究竟的、長程的目標。

①此處的「定」，藏文為 gtad so，注釋的拼法是 brten so，意思是「保證、可信賴」。

死後何往汝可知？
是故即今應精勤。

我們必須感激有得爲人身的這一殊勝機緣可以學習佛法，這使我們可以觀修無常。有兩個層次的無常——刹那變遷的微細無常和改變比較明顯的無常。這句偈指的是第二種層次較明顯的無常。

很明確的，死亡會降臨於每個人。一旦我們出生，就一定會有死亡相隨。一旦死亡降臨，我們所有的財富和資產、親戚和朋友、名聲和榮譽，一切所擁有的，對我們都毫無助益，這是非常清楚的。一旦我們死去，不像一朵花凋謝一樣一切都終了，如前所述，意識會相續。你可能無法完全接受確定會有來生，但我認爲也很難完全排除它的可能性。你有什麼理由否認轉世這回事？是因爲它沒有被普遍接受？還是你沒有眼見爲憑？或許也只有這些理由而已。如果你不接受有來生的可能性，你也不能接受有過去生的可能性，但是許多人有對於前世回憶的清楚陳述，也有一些人預言他們的來生，你總要對這些現象做點解釋。

因此，相信前世是有一些根據的，但我們卻很難完全舉證，因爲我們沒有直接經驗的事實

——這是唯一懷疑的理由，也是不能排除其可能性的理由。我相信我們可以說有更多的證據支持有前世的事實。此外，也沒有明確的證據迫使我們排除它的可能性。我認爲如果我們拒絕接受前世與來生，我們就必須接受「無因生」②的觀念。我們將必須說這個宇宙是自發創造的，沒有任何因素，這種理論會產生許多無解的問題。

但是如果有前世和來生，只有我們現在在心識之流中創造的善良習氣，對我們的來生才有幫助，因爲意識之流是相續的。所有與我們身體層次有關的東西，不論今生對我們多麼有益，對我們的來生都沒有幫助，這是很明確的。

無論如何，不管我們是否接受前世與來生的存在，死亡是每個人都害怕且不想要的。但即使我們不想要，死亡也確實會發生。我們不想要的事卻會發生，這個事實讓我們焦慮、恐懼。既然我們知道會發生，最好是接受並進一步妥協。我們應該接受這只是一個生命中自然的事實，我們都會死。我們會變老也是一個事實。如果我們拒絕接受這個事實，而且選擇不去思維死亡，因爲死亡令人不愉快，當有一天我們眞正面臨死亡的時候，我們會經歷許多的驚慌與恐懼。相反的，

②這是一種「諸法無因自生」的理論。在西藏文獻中將它歸因於印度哲學的虛無主義無神論教派。

如果我們有思維死亡——死亡的樣子、死亡的過程、當我們死時應該存著什麼念頭，只有這些能幫助我們在死亡時刻做好準備，並減少不必要的焦慮和恐懼。

所以，不管我們是否接受前世與來生的存在，只有接受死亡的事實並進一步思維才會有幫助。絲毫不去想，到最後只會導致巨大的恐懼與痛苦。

死亡是確定的，但死亡的時間卻是不確定的，所以我們要思維死亡之後會發生什麼事，我們要爲死亡預作準備，以便對我們有所助益，這是觀修死亡與臨終的方式。

論中接著說：

輪迴妄相如危途，
由此解法心記之。
今亂終究妄漂流。

既然我們已經得到難得的八暇十滿人身，就應該朝究竟的目標努力。如果我們不充分利用這個機會，我們的時間將會浪費，而且這個機會也被我們浪費掉了，我們「就會永遠漂流在迷妄中」。

是故生勤記於心。
煩惱我執海難渡
今以暇圓船得渡。

現在，我們要在充滿煩惱波浪攪拌的輪迴大海中解脫，並跨越這些煩惱根源的我執大海，是非常困難的。我們已經獲得此暇滿人身，因此我們應該盡一切的努力去橫越。

若常能以福德力，
亦現解脫菩提道，
是時心勤修利樂。

此刻我們有此難得的機會朝解脫道與菩提道前進，這是我們過去數生累積的福德所致。因此，現在我們有機會保證來生的快樂，就應該從內心深處生起堅定不移的、積極的、勤勉的信心，以成就究竟的幸福與快樂。

命亦無常刹那變，
散亂妙惑善推諉。

我們忙於看來似乎是很重要但卻毫無意義的急務，生活過得很匆忙。散亂總是誘惑且機靈的欺騙我們，而且我們一直且日復一日的不斷推諉善行。當生命悄悄走過，我們花更多的時間賺取生計並建構自己的生涯，但花在禪修的時間卻持續縮短。我們認爲應該花更多的時間在工作上，所以我們早晨起得更早，工作到更晚，而在此額外的時間，我們沒有去彌補的就是禪修。慢慢的，我們變得忽視禪修而不重視它了。這是會發生的，不是嗎？

惱亂相續習堅固，

基本上，迷妄的因是執著於實有和我愛，這兩者堅固不變有如鑽石，我們每個人的內心都擁有它們。事實上，直到現在我們還把它們當作依止。沒有一個眾生不想要得到快樂，即使是小昆蟲，但是由於執著於實有和我愛，把它們做為依止與信賴的泉源，這樣將永遠不會得到快樂。

就此點而言，可以明白我執的過患。我們已經說明了執著於實有和自我的態度是錯誤的，也已經解釋了我執是輪迴的根源。我們可以看到自己是如何毫無保留的執著於實有和我執，我們所做的一切就是完全對它們投降，包括身心。現在我們所需要的是一個全新的態度。

煩惱染汙剎那生。

到現在，我們仍然習於負面的習氣、煩惱而不改，無法降伏自心，一切變成本能、習性。

福德善等極難行。

以實修對治煩惱習氣，行善業可以爲我們帶來短暫與究竟的快樂，這似乎是逆流而泳。而惡行對我們而言是非常自然的，似乎像是順流而下。

除業風力應精勤。

就在現在，我們應該精進努力，以得到究竟的安樂。

輪迴處所無稍樂，
思三有苦不能忍，
解脫之法今當求。

煩惱的根源和主宰是因爲我們妄執實有和我愛，只要我們還在它們的支配之下，就會不斷的經歷各種痛苦，直到宇宙壞滅。這點我們可以從自身的經驗中看到，直到現在。

若心不解眞實義，
逸豫修法無利益。

我們必須把握機會並堅持。但是斷斷續續修行幾個月，甚至做三年的閉關也無法導致證悟。我們要生生世世繼續直到解脫與證悟爲止。

故當極生無常想，
刹那不亂勤修持。

如是於初了悟後，
迅速證得聖人果。
成就自利利他身，
解了輪迴無上道。
凡汝所做皆如法，
乃成菩提所依人。

這是《大圓滿禪定休息論》第二章的總結，是解釋修行者虔修的方法。

第十二章 修行次第：前行

《大圓滿禪定休息論》第三章指示所修之法。

在這一章中分三個部分：前行，正行，結行。

前行

共與不共前行

無常厭離外前行，

禪觀無常，思維輪迴的痛苦，以及業力因果，這些是共通的前行，賦予我們尋求解脫的動機。如前述所知，我們必須有一點了解，爲什麼「超越痛苦」的涅槃是佛陀教法的主要特色，這些了解可以來自於此共通的前行。

能遣此生貪著底。

因爲我們觀修這些前行的動機不只是爲了轉生善趣，而是要尋求解脫，所以我們要放下對今生和來生的執著。這等同於小乘和中乘根器者。①此處略述的共通前行，可以導使我們轉生善趣而且達到最後解脫。至於生起菩提心等不共前行我們接著會談到，那是我們得到究竟解脫的因。我們馬上可以深入來看菩提心。論中說到：

差別前行發悲心，

令行大乘諸道法。

① 漸修之道是根據三等層次的根器。小乘根器是希望能轉生人道和天道的善趣。中根則是聲聞乘和辟支佛道，尋求自己能解脫輪迴之苦。大乘根器則是行菩薩道，發心度一切衆生都能成佛。

此處的順序，首先必須要中止對輪迴的執著，並希冀得解脫而修行。接著我們要在最根本處以愛和慈悲發起菩提心，並修行大乘佛法。

是故初修二前行。

殊勝之前行

其後殊勝之前行，
獲圓灌即生起二。

1.本尊清淨見

情器現尊自身尊，
令遣凡夫之染著。

一旦你已經完成了共通的前行，殊勝的前行則必須：接受灌頂、獲得戒律且持守三昧耶戒，並修生起次第。在生起次第階段，你必須清楚的觀想本尊身以遣除凡夫的染著心。接著，龍欽巴說，修持上師瑜伽，這是一切加持的根本。

2.上師瑜伽

由修深道師瑜伽，
無量加持現悲力，
二悉地成諸礙解，
故其後修二前行。②

如是前行之四法：
無謬道中悟心性，

②這一段的翻譯是根據達賴喇嘛的解說而譯。

能得殊勝解脱道，
速生實性正行調，
而無礙難近悉地，
無量功德皆具足。
故極精勤修前行。

第十三章

菩提心：覺悟的心

廣大的發心

此處讓我們轉到菩提心，這是爲利益一切眾生而成佛的利他發心。你的修行是不是大乘菩薩行，端視你是否開展菩提心並視他人的幸福更勝於你自己而定。

當我們展開一個行動，總會有個目標促使我們思維：爲了這樣或那樣的目標，我要開始做這件事了。這是我們進行一件事的正常方式。此時此刻，我們是跟隨著一條能引導我們解脫的道路。只要認知解脫是什麼，就能啓發我們思維：我要得解脫。當我們了解得解脫的價值，以及不得解脫的過患，我們就會決心要得成就。這會激勵我們繼續開展增上戒學、增上定學、增上慧學，這會成爲我們得解脫的因。

同樣的，如果我們的目標是獲得正遍知的狀態，我們必須要有追求了悟正遍知的大願。但獲得正遍知是第二步、附帶的要求，需要「廣大的積聚」。這意思是我們的整個態度必須非常特殊。

如果我們思維世間的普通事物，有些時候，有些人做事只爲自己的利益，而有些人則是爲了許多人的利益。依照他們追求快樂的願望，推動的力量也一樣大。人唯一的目標是追求個人的快樂，另外則是要保障他人的快樂。有趣的是，當某人只是純粹爲自己的利益而做事，沒有人會認爲他特別了不起，但是當某人是爲了利益他人而發心，就會被視爲值得讚美之舉。我不是在討論禪修的內容，而是完全就一個凡俗的觀點來說。人們很自然的受到感動，他們會隨喜某人的利他之行。對我們來說，這是自然的反應。

讓我們從靈性的觀點來看，只要我們是出於利己的發心，只想到「我要如何去除自己的煩惱得解脫」，我們的心量就非常狹小。因此，我們可能會有了悟空性的智慧或是布施持戒非常圓滿，但那不是我們要禪修的東西，因爲我們只把重點放在自己身上，很自然的會削弱我們行爲的力量。

假設我們的重點不只是放在自己身上，而是關注無量無邊眾生的利益，他們在過去生中曾經是我們的母親，如同我們一樣想離苦得樂。這種利他的渴望讓我們承擔起他人幸福的責任，使得我們的心量要廣闊許多。我們的目標也更加廣大，因爲我們已經關注無量的有情眾生。

就我們追求成就的究竟目標來說，就在於去除煩惱和獲取功德。當我們開始著手，鼓起勇氣和決心，漠視二元對立和困難。因爲這個態度，不管我們禪修什麼、是否圓滿持戒、開發布施度、或是開展了悟空性的智慧，所有的努力都擁有廣大的力量。

因爲它引導我們到正遍知，這種利他的態度必須和累積福德相結合。當我們累積福德，並灌注這個菩提心——把他人的福祉擺在我們面前，便能使得福德的累積更加快速。因此，我們可以看到菩提心是一種能貫注巨大能量的修法。

慈悲心的根源

不管我們是否生起菩提心，或者菩提心會有多大的力量，基本上是根據我們的慈悲心。我們每一個人都有某種程度的慈悲心，例如，當想到某人痛苦，我們很自然的會被一種慈悲感所感動而期盼他能解脫痛苦和煩惱。這似乎是非常基本的經驗。但現在我們把這個已經擁有的慈悲心擴大，直到不需要任何的偏見或束縛，變成一種無畏的慈悲——灌入「特別的利他決心」，認爲你可以而且將會解脫一切眾生的痛苦並引導他們成佛，那就是所謂的大悲心，這是菩提心的來源和根本。

我們可以把移情的本能——彼此間的同情共感，與智慧結合，並日漸強化。然而，在我們開展解脫他人痛苦的慈悲發心之前，首先我們必須認知什麼是苦，從我們個人的知見上確立。接著，將我們對其他受苦的人產生的同情共感加以延伸，不管會發生什麼事。這兩個步驟是基本的。

之前我們討論過人身難得、死亡無常、輪迴過患、業與因果，禪觀這些可以清楚的明白我們當前經驗的本質是痛苦之一。我們痛苦的根源就在我們掉入負面情緒的宰制之下。你可能會想，嗯，應該是來自於外在的環境，不是嗎？但是煩惱的因不在身外，而在身內。煩惱，亦即擾亂的情緒，在我們自心之中，是我們眞正的敵人，我們應該這樣認知煩惱。我們必須了解這些負面情緒有多危險，而擺脫它的宰制有多迫切。

一般說來，開發對他人痛苦的同情共感有兩種方式。第一種是藉著視一切眾生爲非常親近與親切的。我們思維此生對我們最慈愛的人——可能是雙親、祖父母、或最可能是我們的母親，感激此人對我們展現如此深層的摯愛，接著思維無量的眾生都像此人一般仁慈。以此爲基礎，視一切眾生對我們都如此親近且親切，同情共感心就開發了，直到我們無法忍受他人受苦的程度。

開發這種同情共感心的第二種方式，是去反省比較以自我為中心的過患，以及由衷關心他人福祉，甚至珍視他人重於自己的利益。

比較自我中心與利他見

這個觀點在《入菩薩行》中有簡要的說明，著名的偈如下：

所有世間樂，
悉從利他生；
一切世間苦，
咸由自利成。

世間一切自然而來的利益，亦即短期或長期帶來快樂的事情，基本上都是來自於利他的態度；總歸就是如此。世間一切不幸的事，在短期帶來不快或是長期帶來痛苦的，都是源自於只關心自己的態度。

只要我們只關心自己短期的利益，只想到：「我如何能獲得成功？我還需要怎樣？我還要擁有什麼？……」我們的心量就還是很狹窄。我們發覺自己的心被監禁在一個窄小和幽閉的狀態中，無法忍受一點點的不幸和不舒服。若到頂點，我們就會推卸責任並且責怪他人，宣稱：「喔，某某某什麼事也不做！」或是，「看！某某某對我做了什麼事！」把很小的事情複雜化成大問題，直到沒完沒了。

但是，假使我們拒絕這種態度，進而想到無量的眾生，他們生生世世曾經和我這麼親近。也許我們現在無法考慮到「無量的眾生」，然而，假使我們只設想那些和我們親近或經常接觸的人，並試著去了解我們是多麼的相同：所有人都一樣想離苦得樂。即使很輕微的作如是想，就會發覺自己的心量自然開展，變得更加廣大。我們的知見開闊了，不再糾纏於自己的痛苦和不幸之中。我們看到自己只是眾生之一，都在痛苦中，相對而言，我們的痛苦算是小的，因此對自己那種無邊痛苦和無法忍受的感覺消失了。這的確不一樣。

我們將發覺如果只關心自己，日復一日，所有的不幸將接踵而至，我們的不快樂會有增無減。但當我們考慮到他人的福祉，心量自然變得廣大，興奮和悲傷對我們的影響將減小。因此如果審慎思量，當我們的發心是利他時，自己的福祉也會被照顧到，這是必然的結果。我們也會觀察，當只想到自己而忽視他人時，我們終究不會快樂。事實上，沒有利益到任何人，而且快樂也會遠離我們，這是非常確切的。

長期與短期的成果

我們的內心都希望能快樂，但是我們需要運用智能來認清能眞正帶來長期快樂的是什麼。舉個例子，某人非常愛生氣，他變得易怒而無法自制，意圖傷害別人，甚至殺害他人。如果他運用智慧，就會了解對生氣投降和傷害他人，意味著被逮捕和懲處，可能入獄，最糟糕的狀況是被判處死刑，因此那是非常嚴重的錯誤。在此激昂時刻，在那種情緒的掌控之下，會有一股衝動要去行動，因爲怒火已經點燃了。但那種欲望是虛妄的，必須要終止。

當他們處於盛怒的時刻，別人以爲他們會藉著傷害他人來獲得滿足。但這是沒有意義的，因爲他們所做的一切，長期看來是在自我毀滅。即使是一個普通的法則，大家也會同意所謂重要的事是會帶來長久利益的。這就是爲什麼我們的習俗和法律反映了一個事實，凡是短視的、自私的欲望和需求都必須被限制，因爲這會引起長期的問題和毀滅。

關心他人的福祉，長期而言對我們自己也有利益，在短期來看則等於是在幫助自己。一旦我們了解這點，就可以看到利他態度的特殊價值，同時也看到必須降低自私自利的態度，因爲那不但幫不了別人，對自己也沒有利益。

當我們說只關心自己是一種必須去除的缺失，可能會被誤解爲這意味著你不必愛自己，但這是一個絕大的錯誤。相反的，愛必須從你自己開始，你應該先愛你自己，然後才能擴張自己的愛去擁抱他人。對自己沒有愛的人是很難愛別人的。

首先而且最重要的是，我們要從愛自己開始。透過了解到別人和我們是多麼的相似，我們可以擴展去愛別人，同時提升到非常深刻的地步，他們與我們一樣都希望離苦得樂。

讓我在此以寂天菩薩《入菩薩行》的偈作總結：

何需更繁敘？
凡愚求自利，
佛陀爲利他，

且觀此二別。

慈悲的遺教

我們可能自問：我們的導師、世尊、釋迦牟尼佛，是如此慈悲與善巧的化現，是怎麼樣的因緣讓他擁有這樣的智慧、愛與心靈能量？答案就在於佛陀從不為自己的利益，以及他強調要關心他人的福祉。一開始，佛陀心中還沒有生起慈悲心，他先生起利他的態度，一旦生起之後便護持著，繼而讓此利他的態度茂盛，隨時以他已經開啟的智慧去護持。佛陀以不動搖的勇氣追隨著這一條道路，最後「解脫一切痛苦煩惱，具足萬德莊嚴」。

直到現在，我們堅定的策略仍然很自我的為謀求自己的快樂而奮鬥，但追尋許久卻依然無法帶給我們快樂。如我們先前所見，我們不只是珍視自己，還執著的相信諸法為實有。這兩種執著的態度阻礙我們得到快樂的願望，但我們仍天真的完全信任它們，繼續被它們宰制。

當對照我們的導師佛陀的功德和凡夫眾生的煩惱，我們應該謹記在心的是，在某一個時刻，佛陀也曾和我們一樣是凡夫眾生。佛陀成為「解脫一切痛苦煩惱，具足萬德莊嚴」的事實，是因爲他了解到關愛他人的重要，且付諸實修。他了解到執著於諸法爲實有的過患，所以他加以對治。如果我們深思，這就是爲何佛陀能說出關愛他人的功德以及自私過患的理由。

這也是爲什麼龍樹菩薩在闡述其中觀哲學的《宗義寶鬘》中說道：

如同地水火風等，
藥草野地和森林，
願我常利一切眾，
無有阻礙皆滿願。

地、水、火、風等四大元素讓一切眾生自由的享用，完全在公開的領域中，沒有一個人能主張擁有這四大元素。我們立志要像四大元素一樣服務一切眾生，其數量如同虛空一般無量無邊。龍樹菩薩指出這是我們應該要發心修行的願望。事實上，同樣的概念在《入菩薩行》中也提到：

如空及四大，

願我恆常在，
無量眾有情，
資生得饒益。

在《入菩薩行》中我們也發現：

乃至虛空世界盡，
及以眾生界盡時，
此中願我恆安住，
盡除一切眾生苦。

唸誦這些偈頌，對我們的心念特別有影響力。當我們看到像龍樹菩薩、寂天菩薩這些大師們的偈頌，便可以看到他們是如何不重視自己的福祉，而能全心奉獻在他人的福祉上。利他是他們的願望，同時也是他們的修行。

這些是我們仁愛和慈悲老師們的遺教，佛陀將此交給印度行者，如龍樹菩薩和弟子提婆、無著和弟弟世親等大師，然後再由有證量的大師們護持佛陀的教法傳到西藏，形成四大教派——薩迦、格魯、噶舉和寧瑪，直到今天傳到我們的上師。這些大師們修行佛陀所修持的，並遵循著他所教導的：菩提心的修法，視他人比自己更重要。他們以這樣的方式爲自己、也爲他人帶來無邊的利益，不只爲教法也爲眾生。而我們和他們絕無不同，我們正在仿效他們的例子。

菩提心的重要

菩提心是格外重要的。你越去思維，就越會受感動，你不覺得嗎？我們必須對自己說：

當我活著時，我要禪修菩提心；
這是會爲我此生帶來意義的東西。
在死亡時刻，我要禪修菩提心；
這會幫助我繼續前進，走向證悟之道。

當我得意快樂的時候，我要禪修菩提心；
這能幫助我用財富去利益他人，避免落入傲慢、嫉妒、不敬的陷阱。
當我悲傷失意的時候，我要禪修菩提心，
這會阻止我灰心、喪志。
因此無論何時何地：
有生之年、死亡降臨時、成功或失敗時、快樂或悲傷時，
我不能一刻忘失菩提心。

對這一點，我想再說清楚些，我內心並沒有任何程度的菩提心。外表看來好像我有，因爲我對這個主題很熟悉，但我並沒有。我的確試著想要有，也希望我有；希望不全然是空的，但仍然只是個希望。我希望能夠生起眞正的菩提心，但到現在我還沒能體驗。然而，即使只是希望要開展菩提心，對你的心念也會有所改變，不是嗎？

勇氣：慈悲的禮物

有件事我經常提到，此處我想要再提出來。藏文 nyingjé 的英譯為「慈悲」，如果意思是沒有想到自己，只想到他人，那麼我想這個翻譯是有用的。當我們談到慈悲的愛與關心時，我們說是「大悲心」，意思是愛必須從自己開始再擴及於他人。但有些人可能會得到錯誤的印象，以為慈悲完全是直接對他人而不關心自己。

還有一個層面，許多人認為以這樣慎重的態度看待愛並開展慈悲心是美好的，因為可以帶給他人利益和幫助。但是他們認為慈悲心並沒有帶給自己任何的利益，事實上，慈悲心更像是加諸在我們身上的稅賦，或是很重的負擔扛在我們的肩上一樣，簡直就要壓垮我們。這似乎是很普遍的感覺。

這完全是錯誤的。審慎的思維，並看看你自己的經驗。一旦你內心習慣於慈悲的感覺，日復一日，你會很自然的感到一股增長的勇氣和決心。因為當你思維到他人的幸福時，會讓你的心量更寬更廣。而且當你已經發現那種勇氣時，就可以承擔起他人幸福的責任。慈悲心絕不會像是稅賦或是佛陀強加給你的責任，因為在當下你可以看到或感覺到利他的好處。你也可以看到自我中心的過患，這就給了你很深的、誠摯的信念和信心，並給你鼓舞——這是你勇氣的來源。你感覺到，我可以做到。我可以解除一切眾生的痛苦，我要帶他們達到究竟成佛。這難道不是不可思議的勇氣嗎？你是說你可以自己做，而不是說你只是袖手旁觀讓佛菩薩來爲我們做。這就是不可思議的勇氣，是帶有目標的勇氣，眞正的勇氣，清淨無染的勇氣。一旦這成爲你的一部分，你的心將會快樂而且自在，你可以接受並處理所有發生的事情。

不管這種態度是否幫助了他人，這並不確定。如果情境是對的，那麼這個人可以確切的從你的這個態度而受益。但也可能發生這樣的情況，你一心一意的對某人慈悲，但他不但全然不感激，甚至還對你抱怨。你的慈悲心能否直接傳達給某人是無法保證的，但對你自己卻是立即的受益。因此，不要有「別人從我們的慈悲心中受益，而我們自己卻一無所獲」這種錯誤的想法。

佛教的菩提心

我們能夠獲得正遍知的基本原因在於菩提心，而菩提心則源自慈悲心。如果菩提心呈現，正遍知和體證佛性的狀態才有可能；沒有菩提心，便不可能成佛。一切都看我們是否有菩提心。

我們慈悲的導師佛陀，以自己的體驗爲基礎，教導我們菩提心的重要禪修方法讓我們追隨。我們可以把小乘菩提心的教法視爲基礎和初階，大乘教法中談到的菩提心才是道的主體。這些包括了六度波羅蜜，涵蓋在定學和慧學中，傳承到金剛乘的整個教法與實修之中，構成了實修菩提心的方法。因此，我認爲佛陀的八萬四千教法——小乘、大乘、金剛乘，都根源於菩提心。你可以說在菩提心的前行範圍、菩提心的實修、結合菩提心的行爲，全都涵蓋了八萬四千法門的意義。

菩提心有這麼多的優點與利益，這需要開發，也許要花好幾年。有些人可能要花數劫的努力，才可能在心識之流中生起菩提心，但對某些人可能只需要幾年。不管怎樣，我們必須實修菩提心的道理，累積福德，清淨業障。

這是空性見最重要的部分。我們所追求的是帶給別人眞正的利益而成佛。爲了成佛，首先我們必須確切的識別什麼是「成佛」，然後如果我們尋求利益他人，就必須了解「利益他人」的意義，或什麼是眞正的「利益」。這種正確的了解是依靠空性見——在最初、中程和長程都一樣。這說明了爲什麼以這樣的知見調伏我們的心並予以串習，是如此重要。

第十四章

受菩薩戒

觀想：迎請功德田

今天我們發願要生起並開發菩提心，這個態度是殊勝的善根和利益的來源。爲了表示這個發願以開啓菩提心，我們必須感覺自己是眞正站在我們的導師，世尊釋迦牟尼佛面前。接著觀想佛陀四周圍繞著十六位大阿羅漢，他們護持、弘揚佛陀的教法，七位祖師繼承他，和道上諸菩薩如彌勒菩薩、文殊菩薩等，以及印度的佛教大師們：龍樹、提婆、佛護、清辨、月稱、寂天、無著和他的弟弟世親、解脫軍、德光、釋迦光、陳那、法稱。透過他們的著作，我們可以繼續研讀，他們已經護持佛法達二千多年。所有佛陀的這些優秀追隨者，包括「二聖」和「六莊嚴」，他們完成的這些殊勝論著，我們認爲此刻確實與我們同在。

此外，包括藏傳佛教的開基大師們：仁慈的法王赤松德贊、大學者寂護、蓮花生大士，以及他的二十五位親近弟子。此外還包括新進學派的早期大師們：噶當派的阿底峽尊者和他的弟子額勒佩喜饒、仲敦巴傑威瓊奈，以及噶當三師兄弟：波多瓦仁千薩、千噶瓦楚群巴、潘瓊瓦宗堅贊等；噶舉派大手印傳承的大師們：瑪爾巴、密勒日巴、岡波巴和他們的追隨者；薩迦派的大師們，包括「白衣三祖」：①貢噶寧波、索南孜莫和札巴堅贊，和五祖薩迦班智達、八思巴等，以及其他道果傳承的上師們；新噶當派和格魯派的大師們，包括宗喀巴大師和他的弟子克主杰、賈曹杰，以及其他的傳承上師們。觀想他們確實與我們同在。

我們也觀想圍繞在我們四周的是其他一切眾生，與虛空一樣無量無邊。如同我們，所有無數的眾生都希望離苦得樂。我們也把心念清晰的聚集在他們身上。

觀想佛陀和他的追隨者諸佛菩薩，認知他們覺悟的身、口、意功德，對他們生起信心。深受鼓舞的自問：「如果我要具足這些功德，該怎麼做？如果一切如母眾生要具足這些功德，該怎麼做？如果他們都能具足，不是很美妙嗎？」感覺那份喜悅和強烈的鼓舞，並思維一切眾生和他們的痛苦，讓愛與慈悲生起。盡可能對這一切觀想得清晰。

七支祈請文

將這些銘記在心，我們唸誦七支祈請文來累積資糧和清除障礙，以生起菩提心。爲了求受菩薩戒，我們藉著供養宇宙曼達並唸誦四無量心的偈。七支祈請文的第一支是禮敬諸佛，我們以身、口、意禮敬、奉獻給我們的皈依源。

第二支是廣修供養，亦即物質的供養，可以是我們的所有物，或是我們所見不屬於任何人的東西；以及觀想供養，可以透過觀想來創造。

第三支是懺悔罪業以及從無始劫以來所犯下的過失，覺知對我們造成的傷害從而懺悔。此處，思維我們總是屈服於自利而忽視他人，我認爲是合宜的。更別提我們對他人所造成的傷害了，感恩並懺悔我們因忽視和仇恨對他們所造成的錯誤是好的。

第四支是隨喜功德。例如，當我們想到佛陀不可思議的功德時，必定會隨喜。當我們想到已成正覺菩薩的身、口、意業，便會自然生起恭敬與歡喜。當我們想到很多還沒有登地的菩薩，雖

①稱為白衣是因為在家居士，是相對於出家僧而說的。

然尚未斷除我執和煩惱，然而他們已經生起了利他的發心，願意利益一切眾生並帶給他們快樂，我們也隨喜。當我們想到聲聞道的聖者阿羅漢，他們已經開展出了悟無我的智慧，立志解脫並因此而修行，我們欣賞他們的特質，從而讚嘆他們。當我們想到還沒有入道的人，他們雖然是凡人，但盡可能的修行善道，我們也表示讚嘆。簡言之，我們隨喜每個人的每件成就，這將帶給我們正面的結果。

不管別人達到怎樣的成就，我們都隨喜，沒有任何的嫉妒、怨懟、競爭心。以同樣的心情，當我們想到任何人盡其所能的致力於某件事，我們應該隨喜並思維：他們所做的是好事，眞是個好人啊！同樣的，當我們自己做了善事，不要感到有任何的懷疑或隱藏著懊悔，而是要從內心深處隨喜。

第五支是請轉法輪，直接向無上的化身佛請求，他從降生到涅槃示現了十二相成道的事蹟。②我們請求無上的化身佛轉動法輪。

第六支是請佛住世，祈請無上化身佛不要入涅槃，繼續留駐世間，更接近我們。

第七支是普皆迴向，我們把積聚的所有功德變成利益一切眾生的資源，其成長不會因此而減損。簡言之，願此功德變成我們和他人成佛的因。

《普賢行願品》七支供養文

〈頂禮支〉

所有十方世界中，三世一切人師子，
我以清淨身語意，一切遍禮盡無餘。
普賢行願威神力，普現一切如來前，
一身復現剎塵身，一一遍禮剎塵佛。
於一塵中塵數佛，各處菩薩眾會中，
無盡法界塵亦然，深信諸佛皆充滿。

② 有四種化身，佛以慈悲，故有四種化現。釋迦牟尼佛應化世間以十二相行儀展示：(1)從兜率天降生，(2)入胎，(3)在藍毗尼園誕生，(4)學藝精湛，(5)受皇族欲樂，(6)大出離並出家，(7)六年苦行，(8)詣菩提樹下道場，(9)降魔，(10)成道，(11)轉法輪，(12)在拘尸那城入涅槃。

〈供養支〉

各以一切音聲海，普出無盡妙言辭，

盡於未來一切劫，讚佛甚深功德海。

以諸最勝妙華鬘，伎樂塗香及傘蓋，

如是最勝莊嚴具，我以供養諸如來。

最勝衣服最勝香，末香燒香與燈燭，

一一皆如妙高聚，我悉供養諸如來。

我以廣大勝解心，深信三世一切佛，

悉以普賢行願力，普遍供養諸如來。

〈懺悔支〉

往昔所造諸惡業，皆由無始貪嗔癡，

從身語意之所生，一切我今皆懺悔。

〈隨喜支〉

十方一切諸眾生，二乘有學及無學，

一切如來與菩薩，所有功德皆隨喜。

〈請轉法輪支〉

所有十方世間燈，最初成就菩提者，

我今一切皆勸請，轉於無上妙法輪。

〈請佛住世支〉

諸佛若欲示涅槃，我悉至誠而勸請，

唯願久住剎塵劫，利樂一切諸眾生。

〈迴向支〉

所有禮讚供養佛，請佛住世轉法輪，

隨喜懺悔諸善根，迴向眾生及佛道。

誓願生起菩提心

謹記生起菩提心的觀想，如我先前所講的，你要聚精會神於一切眾生並思維：「我要引導他們成佛，完全解脫痛苦及苦因。為了達到這個目標，願我能成佛。」

現在我們要唸誦三首偈，首先要發心立誓皈依佛、皈依法、皈依僧，直到我們成佛，這是大乘的不共皈依。

諸佛正法聖僧眾，
直至菩提我皈依。

第二首偈是透過智慧與慈悲的鼓舞，我們以諸佛菩薩為見證，為無量無邊的眾生發菩提心。

遍滿悲與慧，
今皈命佛前，
爲利有情故，
我發菩提心。

這是發起願菩提心的主要修行。

接著我們增強菩提心，並唸誦第三首偈，祈求能更進一步發展。這首偈出自《入菩薩行》：

乃至虛空世界盡，
及以眾生界盡時，
此中願我恆安住，
盡除一切眾生苦。③

③《入菩薩行》第十品五十五偈。

我們唸誦這三首偈兩遍，在唸第三遍唸到「我發菩提心」時，我們必須承諾，對自己說：無論如何，直至盡形壽，我將要維持這個菩提心，絕不忘失或消退。如果做此承諾，我們的願菩提心就可以因我們的決心而確保，而變成一個行動的承諾，否則便只會成爲一個單純的願望而已。最後，唸誦完第三遍後，思維我們已經生起願菩提心，並以強烈的決心支持，此時我們受菩薩戒。

受菩薩戒

授予菩薩戒有幾種方式。一種是在金剛乘灌頂，亦即當我們進入壇城發菩提心時，此時有一個簡單的傳戒儀式，主要是根據寂天菩薩的《入菩薩行》。另一種方式比較複雜，來自於寂天菩薩的《一切學處集要》。今天我要傳授的是無著菩薩的《菩薩地論》戒品。

開始請跟著我唸以下祈請文，表示你希望受菩薩戒，祈請上師允許：④

「上師，請准許我的祈請，我，大乘菩薩種性的兒女，祈請您傳授我菩薩戒。如果這對我沒有任何傷害，請您慈悲的聽到並允准我的祈求。」

通常這要唸三遍。接著，在受戒之前，上師會提出一些問題，弟子通常要回答「多拉」，意思是「是的，我願意！」

因此當上師問到：「是否願爲一切有情斷除所知障而受菩薩戒？」你回答：「是的，我願意！」

「諦聽，佛子！你是否願意度一切輪迴眾生？」

「是的，我願意！」

以下的問題是有關你是否願意斷除一切眾生的煩惱障。

「你是否願意救度一切尚未解脫的眾生？」

「是的，我願意！」

④ 主要是出自宗喀巴的《菩薩戒品釋》（*Basic Path to Awakening*）。

接著，上師問你是否願意救度三惡道的眾生，藉著引導他們到三善趣以解脫他們的痛苦。

「你是否願意解脫受苦的三惡道眾生？」

「是的，我願意！」

以下的問題是：你是否願意引導一切眾生成佛？

「你是否願意一切有情得究竟涅槃？」

「是的，我願意！」

以下的問題是：你是否願意護持佛陀的傳承？

「你是否願意追隨佛陀的足跡？」

「是的，我願意！」

接著問你接受菩薩戒是否出於和他人競爭、比較的心態，此時你要回答「瑪因那」，意思是「否」。

「你是否因爲和他人比較而受此戒？」

「否。」

接下來的問題是你接受此戒是否出於非自願，因爲你是被達賴喇嘛所強迫，你要爽快的回答「否」。

「你是否違背自己的意志接受此戒？」

「否。」

一旦我們受了菩薩戒，就要遵守戒律。你必須在受戒之前先了解戒的內容，在菩薩經藏中都有解釋，例如在《華嚴經》菩薩地特別是有關戒律的章節。不論如何，接下來的問題是你是否聽聞過這些菩薩戒法、你是否熟悉、是否對其有信心，以及你是否能持守這些戒條。讓我們逐一來檢視。第一個問題是你是否聽聞過這些教示，你可以回答聽過一些。

「你曾經聽聞有關菩薩地的經論嗎？」⑤

「是的，我聽過！」

當我問你是否知道這些教法的意義時，你要回答：「知道一點」，或「我知道，但已經忘記了」。

「你了解這些經論的意義嗎？」

「是的，我了解！」

下一個問題是：你對這些教法有信心嗎？你的答案有點類似：當我感覺對的時候，我對它們有信心。

「你對菩薩地論的教法有信心嗎？」

「是的，我有信心！」

接著上師會問你：「你能夠持守這些戒條嗎？」你的回答將是：「我會盡力。」

「你是否能持守菩薩戒條？」

「是的，我能！」

「現在讓你的菩提心和你的承諾堅固穩定。」

接下來是透過七支供養累積福德，你不需要大聲唸誦，只要把意思帶到內心即可。

如是諸觀行，

⑤在無著的《菩薩地論》（*Bodhisattva Stages*）確切的問題是：「你曾經聽聞過有關菩薩經論的教示嗎？或是其中的概要？」

所積一切善；
以彼願迴向，
有情皆成佛。⑥

現在懇請上師迅速爲我們傳授菩薩戒。此處上師是指「尊貴的」比丘或是長老。⑦跟著我唸：

「上師，請允准我的祈請。尊貴的上師，請迅速傳授我菩薩戒。」

接下來的問題是：「你是一位菩薩嗎？」這裡的意思是：「你潛在的大乘菩薩種性⑧是否覺醒？已覺醒的覺性是否流露出來？你是否已經生起了大悲心？」你們之中有些人已經是菩薩，而且也具足大悲心，但對大多數人而言還不是。但如果我們反思先前所說的種種利益，至少我們可以開啓強烈而一心的願菩提心。所以你必須藉著思維如何在短時間內喚醒潛在的覺性做出回答，並說：「是的，我是！」

接下來的問題是：「你是否有成佛的願望？」這是被問到我們的願力是否穩定。即使我們還沒有眞正開發出願力，但仍然要回答「是的」，因爲我們已經願意這麼去做了。總之，問題是：「你是否具足大悲心？你是否有穩定的願力？」

「大乘菩薩種性的子女，師兄弟姐妹們，以戒律的持有者噶旺確吉羅卓（楚璽仁波切）⑨爲代表跟隨著他，你們是菩薩嗎？你們願意成佛嗎？」

「是的，善受！」

雖然如今已確立了你可以受菩薩戒，但不必然要從我這裡得戒，所以下一個問題是：「你確定要從我受戒嗎？」此處的回答是：「是的，我願意！」

---

⑥出自普賢行願品。

⑦「尊貴的」（Venerable one）意指當這位上師是屬於長老階層的比丘，或是上師雖戒臘不深，卻是一位住持。這是宗喀巴《菩薩戒品釋》的解釋。

⑧大乘菩薩種性，意指佛性。一切眾生都具有這種潛能，但大多數人都是潛藏隱匿的。當一個人遇到正確的因緣，便會覺醒，就會行菩薩道。

⑨達賴喇嘛此處以大眾中最資深的長老為代表指明。

「你願意從我這裡接受一切菩薩道修行的基礎訓練和菩薩戒律嗎？」

「是的，我願意！」

傳菩薩戒的主要部分

現在，我們進入傳菩薩戒的主要部分。對此，我們必須祈請諸佛菩薩鑑知，思維在他們的全知下，我們無所隱藏，如同《入菩薩行》中所說：

諸佛菩薩眾，
無礙見一切；
故吾諸言行，
必現彼等前。⑩

接著會問：「你們是否願意從我受持菩薩戒律？這個戒律為過去諸佛菩薩、未來諸佛菩薩、現在諸佛菩薩所持守並成佛。簡言之，你願意接受三種戒律——持一切淨戒、修一切善法、度一切有情嗎？」你的回答是：「是的，我願意！」

我們會唸誦此三遍，在唸第三遍時，你要思維你已經接受了清淨的菩薩戒，從現在開始，它已經在你心中呈現。你們之中已經受過菩薩戒的人，可以思維這個戒體以便更加堅固。你們之中有佛弟子想在今天受戒的，請跪右膝。

當我們進行這個儀式時，要試著開啓對一切眾生的慈悲心、對諸佛菩薩清淨的虔敬心和信心、以誠懇熱切的心受菩薩戒，而且堅定的願意行菩薩道。盡你一切可能熱切的祈請。

「大乘菩薩種性的子女，師兄弟姐妹們，以戒律的持有者噶旺確吉羅卓爲代表跟隨著他，你願意從我受戒並修菩薩行嗎？這是過去一切菩薩、未來一切菩薩、現在一切菩薩、十方三世一切菩薩所持所行的，所有菩薩行——持一切淨戒、修一切善法、度一切有情，包括一切菩薩戒。你願意嗎？」

⑩《入菩薩行》第五品護正知三十一偈。

「是的，我願意！」

問題和回答再重複第二遍。

現在，進行到第三遍，當你在聽時，特別要將信心和慈悲心帶入內心之中，感覺一種鼓舞和熱望想要接受菩薩戒並修菩薩行。當你這麼做時，以眞正的熱忱祈請。對自己說你會盡力跟隨佛陀的腳步，並如實的行其所行。

問題和回答重複第三遍。

你們可以坐下。現在我們已經接受了菩薩戒，而且在心中生根，這個利益是不可思議的，沒有比這再大的供養足以令諸佛菩薩喜悅的了。我們已經賦予生命意義和解脫，我們已經善用它們。如果我們現在盡最大的能力持守菩薩戒並行菩薩道，我們將會進入一個新的安樂狀態，直到我們究竟成佛，我們可以完全的確定。

藉著勉勵你們行這些善舉，我身為老師，也同時完成了有意義的事。現在我要對十方三世諸佛菩薩頂禮，祈求他們眷顧已經受戒的你們。此時，老師必須向四個主要的方向頂禮，如果時間允許，再向中間四維方向以及上、下總共十方頂禮。但是因為時間不夠，我只向四方頂禮，但同時觀想向四維也頂禮了；接著我會再向東方頂禮，同時觀想向上方頂禮；我向西方頂禮，同時觀想向下方頂禮。在頂禮時，我會憶念十方諸佛並供養花朵。此時你們要發願祈請，但不是像平常一般求長壽、求健康、求功成名就的祈請，而是必須像你們求受菩薩戒一樣，祈請能迅速成佛，帶給自他利益。

此時，⑪我會邀請諸佛菩薩鑑知你們已經成為菩薩了，已經從我——丹增嘉措，一個對菩薩道有一些信心的比丘這兒接受菩薩戒了，你們將持守菩薩戒律。

「遍十方界諸佛菩薩垂鑑！這些新菩薩戒子們，像金剛乘的博學持有者，無與倫比的噶旺確吉羅卓已經從我丹增嘉措比丘處接受菩薩戒，願您們，無上的諸佛菩薩能以智

⑪在這個當下，達賴喇嘛站在法座上。

慧盡虛空無所隱藏，垂鑑這一切。」

結論：提升自他的心

現在，我們透過受菩薩戒的利益，提升並啓發了自我。經典上說只要儀式完成而且自認已完全接受了菩薩戒，十方三世一切諸佛及達到十地的菩薩都將鑑知。他們會運用他們的智慧心了知傳戒的地方和情境。在這種情況下，他們會知道這項受戒是來自不同國家和種族的幸運人士的集會，是來自於薩迦、格魯、噶舉和寧瑪的不同傳承弟子，分享著相同的堅定虔信和對法的承諾，由前譯派寧瑪傳承最尊貴的珠寶，戒律傳承持有者噶旺確吉羅卓仁波切爲代表領導大眾。他們會知道在大眾心中生起的菩提心都希望成就無上正等正覺。他們會知道我們在此世間、在法國、在新進成立的列繞法林中心舉辦法會，是由一位對菩薩行具足虔信、來自安多一位名叫丹增嘉措的比丘在傳授菩薩戒，因此，他們會以愛和慈悲垂憫我們，而諸佛會視我們爲他們的子女，菩薩們會視我們爲他們的兄弟姐妹，他們都會讓我們的願望無阻礙的實現。透過此，我們的功德將無量增長且永不消失。今天我們在此受戒所完成的一切，等於是對諸佛菩薩無上的供養。

如同在《入菩薩行》中所說：

今生吾獲福，
幸得此人身；
復生佛家族，
喜成如來子。

爾後我當爲，
宜乎佛族業；
愼莫染汙此，
無垢尊貴種。

現在我們已經進入無垢、尊貴的菩薩家族，不能做出任何帶給這個家族染汙的事。

經典勸戒我們不要做任何魯莽的宣告，亦即不要到處宣揚自己已經受了菩薩戒。你不必要戴著它在你的胸前炫耀。當你上公車或火車時，不要說：「讓開！一個菩薩戒子來了！」你必須持守在心而不告訴任何人。爲什麼？因爲我們總要隨時保持最低姿態，並立志做一切眾生的僕人，而他們盡虛空遍法界。

你們有些人可能會覺得因爲已經生起菩提心並受了菩薩戒，現在自己是菩薩了，但是你們不應該這樣想。這樣想會比較好：你已經踏出成爲菩薩的第一步，你只是種下了菩薩的種子，如果我們好好培育這顆種子，種子就會成長並成熟。

最後，我們要表達對接受菩薩戒的感激。通常我們要唸七支供養文，但今天我們只簡單的提醒自己它的意義，並唸誦以下的偈：

如是諸觀行，
所積一切善；
以彼願迴向，
有情皆成佛。

結行祈請

菩提心妙寶，
未生令生起；
已生令堅固，
已固令增長。

願諸有情眾，
恆常獲安樂。
願諸惡趣苦，
悉皆永成空。
菩薩願如意，
成辦眾生利。

願聖觀世音，
十方諸佛前，
祈請爲西藏，
今速悉成辦。
外境與空性，
相即互相依；
三寶慈悲力，
及此眞實語；
因緣不變法，
藉此大力故；
願吾懇祈請，
無礙悉成辦！[12]

⑫最後兩首偈出自《真實語》（*Words of Truth*），一九六〇年達賴喇嘛在達蘭莎拉所作。這首祈請文是迴向西藏恢復和平、重建佛法和文化，以及西藏人民擁有自己土地的自決權。

第十五章
蓮師八變灌頂

今天的灌頂是《一切意成就心要總集》的意成就法，屬於偉大五世達賴喇嘛的淨觀伏藏，稱為「具淨相印」。在寧瑪傳承裡有三種形式的傳法：經教傳承（kema）、伏藏傳承（terma），以及甚深淨相傳承（dak nang）。淨觀有幾個不同的種類：有些是從禪定經驗中生起，有些只是單純在心識層次中生起，有些則是在感官意識中生起。這個殊勝的淨相是達賴五世親受本尊加持的體驗，就像普通人相遇一般清晰。這次我要用的教本是蔣揚欽哲旺波所編寫的。

我大約在十二、三歲時接受了這個傳法，是從塔札仁波切①處領受這個法的。

①塔札仁波切（Tadrak Rinpoche）是達賴喇嘛的老師，並為他剃度受戒。他在一九四一年成為西藏的攝政，一九五〇年達賴喇嘛全權接掌西藏政權後辭職。參看 W.D.Shakabpa 的《西藏政治史》（*Tibet: A Political History*），p.286。

灌頂的經論中解釋道：

從烏地雅納來的偉大上師蓮花生大士，是過去、現在、未來諸佛身、語、意不可毀滅的本初智慧化身。無數次以他無誤的金剛語，宣示了赤松德贊國王，是文殊菩薩和其無窮盡的佛行事業的化身，他的持續示現，最初是西藏的守護者，偉大的、全知的、無上的多傑索米佐。具淨相印的二十五段開示對他顯示了清淨智慧相，是上師意成就金剛印之下的甚深修行法，一切意成就心要總集。②

五世達賴以後，具淨相印成為後世達賴喇嘛的主要教法之一。第十三世達賴喇嘛似乎把這個當作例行的修行功課。在那段期間，伏藏傳承的掘藏者列饒林巴來到拉薩，達賴喇嘛接受他所傳的普巴《利刃精藏》。③

在拉薩有一整套具淨相印的論典，在偉大五世時已經完成的手稿和彙編，非常的完整、優美，擺在我的房間裡，但當時我沒有興趣。之後，當我對這個教法產生興趣時，我卻不再擁有這套教典了。我到印度後，讀到前世達賴喇嘛們的傳記，我想到了這套教典，加上其他原因，我開始對五世達賴的生平產生興趣，也因此對具淨相印產生興趣。慢慢的，由於業和祈願的結果，我終於得到了這部教典。

每月趨近滿月的第十天，十三世達賴喇嘛會在他的私人寓所修具淨相印的觀世音菩薩薈供，也就是所謂的「大悲九尊」。④在每月的第二十五天，他會修具淨相印的馬頭明王薈供，就是所謂的「遍滿三世界」。⑤當我到印度後，想要重建這個在上弦月和下弦月第十天修行具淨相印的傳統，因此尋找並得到了這套法本。我修過具淨相印的噶傑唸誦閉關，而我有機會問敦珠仁波切關於修習唸誦的細節。當我修法時，有一些吉兆，包括一些奇特的夢兆。事實上，我在第一次接受這個教法時，雖然當時尚年幼且沒太大興趣，但仍然有一些特殊的徵兆顯現，因此我相信我和這個教法有特殊的因緣。

《一切意成就心要總集》是一個簡短的成就法要，集中於蓮師的上師相應法，雖然很簡短，卻有很大的加持力，我持續的修持並唸過好幾遍。

---

② 參看《蔣揚欽哲旺波論述集》（*Collected Works of Jamyang Khyentse Wangpo*, Gangtok 1977 ed., vol. 12, p.503）。

③ 達賴喇嘛在灌頂前四天提到這個法。

④ thugs rje chen po'jig rten dbang phyug lha dgu.

⑤ khams gsum zil gnon.

方便與智慧

今早我們受了菩薩戒，從你們受戒那一刻起，你發願要成佛。爲了成佛，我們需要一個正確的方法。全知的智慧是一個有條件的現象，亦即其生起是依靠因緣。它是不可思議的善，而且完全超越我們普通的思想和行爲，但它是在我們現有意識之流的基礎下生起，是結合的或是有漏的現象，是來自於某一個特殊因緣的結果。我們必須聚集正確的因緣，完整而無誤的順序。這些因緣在龍樹菩薩著名的迴向文裡有描述：

此善願眾生，
集修福智糧；
獲得由福智，
殊勝法報身。⑥

如他所說，因緣有兩部分：福德與智慧的累積。透過此，我們得到自利法身和利他報身。福德的累積等於是方便，這是報身的主要因。⑦智慧的累積是指了悟空性的智慧，能使我們得到智慧法身。當我們積聚福慧資糧時，會使我們得到無上的利他報身和自利法身，我們必須同時積聚福慧兩資糧。也就是說，我們必須同時具足方便與智慧。結合方便與智慧是大乘的一般修行法要。

因爲結合方便與智慧是如此重要，如果我們能將兩者結爲一體，兩者的關鍵點都是在一個意識中，方便與智慧的結合變得如此有力而深廣。⑧在大乘經教系統中，把這兩者分開修行，說是互補卻仍有分別。在金剛乘的修行中，依照四部密續：事部、行部、瑜伽部、無上瑜伽部，有一個結合方便與智慧的方法，使它們成爲一體。這不可分割的一體，最精確究竟的形式是在無上瑜伽密續中導引出的。

在大圓滿法中，如果我們能夠在實修中自然生起本覺，也就是普賢王如來，我們的究竟本初

---

⑥ 龍樹菩薩《六十頌如理論》六十偈（*Sixty Verses on Reasoning*, v.60）。

⑦ 達賴喇嘛說：「在經典中，智慧是指了悟空性的智慧，方便是指修行六波羅蜜。」參看達賴喇嘛的《藏傳佛教世界》（*The World of Tibetan Buddhism*, p.99）。圖敦金巴格西（Geshe Thupten Jinpa）針對「透過方便累積福德」加註：「意思是生起愛與慈悲、菩提心，並透過方便修行，例如布施。」

⑧ 參看達賴喇嘛的《藏傳佛教世界》，pp.99-100；以及達賴喇嘛的《大圓滿》，pp.154-55。

智慧，就是方便與智慧結合的最深廣形式。因此，爲了使「涵蓋一切自發的果」產生——那是不可分割的四身和智慧心，我們必須積聚正確的因，在修行道上不能有任何的遺漏。這就是爲什麼道必須結合內在光明的清淨法身和外在光明的圓滿報身而修。換言之，我們必須修習卻且（trekchö）和托噶（tögal），以作爲成就四身和智慧心的因。爲了使修行托噶達到實效，我們要先修卻且。

在前行，我們需要修上師瑜伽或是上師相應法，以作爲道的力量。事實上，在西藏，所有法的不同傳承以及藏傳佛教的不同派別，都提到了上師瑜伽的重要，這是菩提道上最重要的修行。在卻且的實修中，虔信是最重要的因素，能產生穿透一切的清淨本覺的直接經驗。你們即將接受的《一切意成就心要總集》灌頂，是有關蓮花生大士上師瑜伽的修行。

第十六章

淨光

正行

解釋了《大圓滿禪定休息論》的前行之後，現在我們開始進入正行。龍欽巴說：

正行自性或樂明，
及無念法示實性。
光明離戲之智慧，
乃現本元俱生者。

正行是禪修根本淨光，這個淨光可以從主觀的角度思維，也可以從客觀的角度思維。客觀的淨光代表空性，是解脫所有概念造作。如我們前面所了解的，這是絕對眞理，是勝義諦，萬法的眞正本質。當我們所看到世間的外相，因爲我們沒有去觀察分析，所以是相對眞理，是世俗諦。

例如，新譯學派的密集金剛密續提到圓滿次地的五階段，淨光稱爲絕對的，而幻身稱爲相對的。最重要的元素就是要直接了悟淨光的主觀層面。

高層次的二諦

同樣的，寧瑪傳承的《秘密藏續》（*Guhyagarbha Tantra*）提到較高層次的二諦：較高的絕對眞理與較高的相對眞理。較高的絕對眞理是指一般所知的「勝義諦的七種殊勝」。①多竹千晉美天佩尼瑪在對《秘密藏續》的綜論中，解釋這種較高層次的絕對眞理：

> 雖然有許多方式解釋這兩種眞理，此處我們關注的是秘密幻網所說的二諦，或是較高層次的二諦，你可能會質疑什麼是所謂較高層次的二諦。較高層次的絕對眞理就是勝義空，這是完全解脫於一切概念性的戲論。②

此處「勝義空」，是指淨光的主觀層面——自性清淨心，也就是本初佛普賢王如來。如我稍早所說，有兩個層次的根本清淨，有兩種方式去了解其意義。第一種是純粹空性，是無遮沒有自性的。第二種是自性清淨心，或稱本覺，分為根本清淨和自然圓滿。此處所引述的應該是指第二種情況的解釋，即本覺或清淨覺性的層面。

因此，我們談到「本然絕對的勝義空是從一切概念性的戲論中解脫」。此處「本然」（natural）的意思未必是指諸法的本質，亦即空性；當我們說「自性身」時，比較具有「根本的」、「天性的」意味，在新譯學派這是指佛果的四身之一，複合的「自性身」。因此當我們談到「本然的」、「天性的」、「最初的」，就是指「本然絕對的」。接著，如多竹千晉美天佩尼瑪所說，「本然絕對」被認知為「解脫一切概念性戲論的勝義空」。他繼續說道：

至於般若智慧，是解脫一切遮障的內在光明。

---

① 覺悟的身、語、意、功德、事業、空性、智慧。

②《秘密藏續》第三冊，p.43。

「般若智慧」這個詞是指，勝義空的眞相是免於一切概念性的造作、免於一切障礙遮蔽的。多竹千晉美天佩尼瑪說：

> 至於絕對的果，是指在空性與智慧結合下呈現的五種珍貴果實——覺悟的身、語、意、功德、事業。而空性與智慧又分爲這五種德行，七者合起來就是勝義諦的七種殊勝。

將這五種特質進一步細分，就成爲七種殊勝。

淨光的主觀層面是指絕對的，因爲自性清淨心是沒有一切外相的。例如，新譯學派在《秘密藏續》中談到四空。③在此處，空性是說一物沒有了某些東西。第一種空是指空於八十種表述的概念，以及與它們相應的氣，也就是顯相。第二種空是空於顯相和其相應的氣，即增相。第三種空是空於增相和其相應的氣，即得相。第四種空是空於前三種經驗和其相應的氣，即淨光。這種空是一種外在的形式，即他空。

如同晉美天佩尼瑪所說，當我們討論勝義諦是爲了教學的目的時，主要是用在非隱喻的空；

但是當我們禪觀空性時，最好認爲它是非遮的。當我們在禪修中開發本覺時，我們禪觀顯相，它並非實有的。我們主要修行的焦點是保持對本覺，也就是本初佛普賢王如來的認知，是恆常清淨的。

但是在這之前，我們必須成就某些前行以清淨身、語、意。有關意的清淨方面，我們觀照心是從哪裡來的，住於哪裡，又跑到哪裡去。根據中觀應成見④的觀點，我們必須建立微細的空性見。當行者已經達到對微細空性有某種程度的了悟，接著就會認知到本覺的清淨覺性，他們就可以安住在一境的禪定中維持那種認知。以此對微細空性的了悟和確定，他們維持在本覺的清淨自性中，而事實上，他們就是在禪觀顯相與空性的雙運中，如此以我來看，就等於是禪觀空性爲非遮。

自性清淨心成爲無上瑜伽密續中最深奧的，也就無庸置疑了。這也是大圓滿非常深奧的特質

③ 四空分別是空、善空、大空、一切空，也稱為顯相白色光明心、增相紅色光明心、得相黑色光明心，以及自性清淨心。參看科索特的《無上瑜伽密續》（Daniel Cozort, *Highest Yoga Tantra*），pp.73-76。「這些微細的意識狀態被用來了悟空性，但它們並非空性本身，也不是空性的了悟。」參看《無上瑜伽密續》，p.73。

④ 應成見是中觀學派的一個分支。定義這個學派的特色是它超越一切概念式的造作，是由印度學者佛護明確的首創，之後由月稱詳細闡述並定義的。

之處，如同大手印一樣。當殊勝的薩迦道果傳承在「三密」或「三續」談到輪涅不二時，也是歸結到此。如果我們思維格魯派的見解——雖然這並不等於中觀的根本見解，在結合空樂不二時，我們會再次得到同樣的內涵。合理的說，他們都談到相同的究竟點上。

薩迦派稱此淨光爲阿賴耶，是一切的根本。在薩迦的不共道果，茶千洛色嘉措的一個弟子孟托盧珠嘉措⑤說，淨光是究竟眞理。但茶千洛色嘉措的另一個弟子蔣揚欽哲旺卻在他的著作中說，在二諦中，淨光屬於相對眞理；在有條件與無條件中，淨光是有條件的；在有條件的三個類別：色、識、非結合的形式中，淨光是意識。因此可說各有不同觀點。當孟托盧珠嘉措說淨光是絕對眞理時，在主客層面之間是沒有任何區別的，但卻似乎與圓滿次第所教的一致，勝義諦就是淨光。

但是在《辨中邊論》中，我們發現其中談到究竟的意義、究竟的修行、究竟的果，許多有關「究竟」的名詞。

總之，不管我們說是勝義諦還是世俗諦，畢竟沒有太大的差別，因爲所有這些修行法門都是強調自性清淨心並視其爲道。

現在，轉到較高層次的世俗諦，晉美天佩尼瑪說：

至於較高層次的世俗諦，雖然一般說是究竟能量的外相，但我認爲描述它爲不可思議的化現更爲恰當，因爲正如德謝儒宗瓦所說：「關於諸法，在瑪哈瑜伽，它們的外相是本覺不可思議的化現；在阿努瑜伽，它們的外相是本覺的能量；在阿底瑜伽，它們的外相就是本覺自身。」

這有一點複雜，但我要說的重點是：之前，我們論定這些不同的法門都是強調自性清淨心，每一個法門都有特殊的方法表述此二諦。此處是指較高層次的二諦。

---

⑤ 道果（Lamdré）的教法發展成兩支主要的傳承：一般陳述的共道果（為大衆解說），以及秘密陳述的不共道果（為傳承弟子解說）。如薩迦法王崔欽仁波切（H.H. Sakya Trizin）所解釋：「在早期的薩迦傳統，道果事實上只有一種教法。稍後，在慕千昆秋堅贊（Muchen Könchok Gyaltsen）的時代，當他傳授道果教法時，對於內密弟子，他在內室中傳授最深奧、最根本、最重要的教法；對於一般大衆，則教授普通的教法。從那以後，道果有兩種傳承。茶千洛色嘉措（Tsarchen Losal Gyatso, 1502-67）是薩迦傳承很重要的一位大師，他是大尊摩千寺（Dar Drangmo Ché）的創立者，也是薩迦派茶巴傳脈以及道果不共傳承的持有者。他的一些著作還被保存下來，特別是有關喜金剛觀想和金剛瑜伽母的教法。他的傳記是由第五世達賴喇嘛所撰寫。他的主要弟子有孟托盧珠嘉措（Mangtö Ludrup Gyatso）、佑爾堪千宗努羅卓（Yol Khenchen Zhönnu Lodrö）、第三世達賴喇嘛索南嘉措（Sönam Gyatso）、薩魯堪千欽哲旺卻（Zhalu Khenchen Khyentse Wangchuk）、波卡瓦彌勒東杜堅贊（Bokarwa Maitri Döndrup Gyaltsen）。以上資料是由西藏佛教資源中心所提供。孟托盧珠嘉措部分，請參看達賴喇嘛《大圓滿》，p.234n44。

較高層次的勝義諦是自性清淨心。在密續新譯派傳承稱此自性清淨心爲本覺，即普賢王如來——根本法身佛、本初佛。

多竹千晉美天佩尼瑪解釋：

從三相轉化過來的習氣，也就是心的粗糙狀態，在果上是不會出現的，它們的空性也不會呈現。因此，繼續轉變成爲諸佛法界體性身的自性，⑥就必定是根本智慧的勝義空。這正是佛性教法的究竟目標——佛性，出現在佛陀三轉法輪的經典中。

事實上，在新譯學派談論的自性清淨心，很清楚是源自於龍欽巴的《勝乘寶藏論》。在根的本性教法中，他說：

最初的根本自生智慧，是超越一切範圍和數量限制的，體性上是空性的，就像天空一樣；本質上則是清淨的，就像太陽和月亮一樣，慈悲遍滿就像光線一般。這三個特質在本質上是不可分的，安住在空性中，超越一切轉化和改變，具有三身的智慧本質。空性是法身、清淨是報身、遍滿慈悲是化身。

清淨心安住所

體性是本來清淨，本質是自然呈現，不間斷的澄明是慈悲。這三者安住在哪裡呢？龍欽巴說：

當我們還停留在迷惑的六道眾生時，這三者呈現在我們的妄念就是凡夫的身、語、意；但即使是覺悟的身、語、意之智慧沒有生起，也並不表示其不存在。脈是依靠著身、氣是依靠著脈，在微細的層次上，在四輪核心的中心之內，就是自生智慧的宮殿所在。

所謂的四輪，舉例來說，其中之一的大樂輪就是在頂輪上。稱爲「自生智慧之宮殿」，就在

⑥據堪布南卓仁波切解釋這是指法界體性身。

四輪的中心，亦即在心的法輪的中脈中心。如我們前面所說，氣、脈、明點有不同層次的微細度，此處我們談的是極微細的層次。在大圓滿獨特的術語中，談論的是「晶脈」。龍欽巴接著說：

在心的法之宮殿裡，自性——自生光明的本初智慧，穩固的現前，與智慧的無量特質一起。如同在《摩尼鑲嵌》所說：

偉大的自生智慧，
就在心的寶殿裡。

此處，自性清淨心的重要所在被認定在心的法輪中心。龍欽巴說：

淨光安住在四個殊勝的脈中，金色的晶脈從中脈中央穿出，與心的中央交會，充滿著明點——普賢王如來。

以上敘述淨光安住的主要地點。

淨光即佛性

自性清淨心在經典中的敘述與佛性無別，例如《般若經》，此爲彌勒菩薩《究竟一乘寶性論》根本來源之一。

在《如意寶藏論》題名爲「輪迴的起因」中，龍欽巴論及迷妄之因：

最初淨光即佛性，
因緣生起究竟法。
本始清淨如明空，
習氣遮障因無明，
眾生緣此生迷妄。

在評論這句偈時，他說：

因地如明空一般，一直以來不羈於任何依於輪迴的基礎和支持，在本質上是無我的，它清淨澄明如日月般自然圓滿。從無始劫以來即已存在，無始無終，所以它超越一切的轉化和改變。

這就是爲什麼自性清淨心被描繪成「無爲的」，如晉美天佩尼瑪指出，它是持續的呈現，而不是新創或短暫的因緣現象。龍欽巴解釋道：

因爲它超越了一切既有概念的限制，是自然的光明。因爲它安住在法身和智慧不二的空性之中，它就是佛性。

換言之，三身的潛能呈現了。

因爲它支持輪迴和涅槃的一切現象，稱之爲「一切究竟根本的狀態」，是無爲的、是究竟清淨的。

只要我們還沒有去除外在的染汙，自性清淨心就稱爲佛性，自然現前的三身潛能就稱爲本性。當遮蔽我們的外在染汙去除之後，一直在自性清淨心之內呈現的三身潛能就活動起來，或者化現爲「果」。因此，四身和佛性是自性清淨心本有的。

分析修與中道

當我們說自性是本來清淨或空性，此處對空性的了悟主要是根據中觀應成見。如龍欽巴在《如意寶藏論》中所說：

> 當我們陳述中觀應成派的傳統，這是佛教大乘中的頂峰……

在他詳細的解說中，有一部分談論到中觀應成派是如何去除概念式的造作，因爲有關究竟本質這一部分沒有明確主張，另一部分討論到中觀應成派如何看待相對的、世俗的眞理，而不駁斥事物的外相。在最後一部分，他說：

此處，在說明世俗諦而不駁斥事物外相的部分，有三個方面：中道的根，二諦；中觀的道，二資糧；中道的果，二身。

重點是，這是中觀應成派的見解。至於「空性本質」，在經典和密續當然是必須達到空性的本質。無上瑜伽密續有自己對於空性的特殊理解。在大圓滿的經典中，尤其我們發覺到對解脫的不同敘述，例如本來解脫、自解脫、無遮解脫、完全解脫、邊解脫，每一種代表不同的微細差別，也有各自不同的特質，但全都涉及對空性本質的認知。

依照中觀應成派觀修微細空性的方法是觀察心從哪裡來、安住在哪裡、到哪裡去，晉美天佩尼瑪說：

雖然許多乘都教導解脫的方法，但只有一個根本的方法達到了悟。

他是在說唯一的成佛之道，導致平靜的一扇門。

我們自心超越生、住、滅的本質——

如果我們檢視心從哪裡來，我們找不到心生起的根源。如果我們檢視心安住在哪裡，我們找不到心安住的基地。如果我們檢視心到哪裡去，我們也找不到所在。所以心的本質是超越生、住、滅的。晉美天佩尼瑪接著說：

此時我們的慧眼初開。

換言之，你必須從檢視心並尋找心的生、住、滅。但他接著提出警告：

但不只是看心的生、住、滅所在，這不足以找到心的本然狀態。

尋找心的生、住、滅，然後什麼也沒找到，這樣並不足以了知心的本質。

這並不是眾所周知的「超越所有的本質和緣起」，或只是「言詮」；這需要進一步深觀。

「超越所有的本質和緣起」這個詞，和「只是言詮」有同樣的意涵。後者是從事物的外相而言，前者是指它的空性本質。我們不能只停留在這個層次觀察，認為心是「超越所有的本質和緣起」，或者心「只不過是言詮」，而是必須深入並確實了解去除兩邊的中道義理。

假使一個人不關心實相，即使是最微小的程度，就無法終止邪知謬見。

在龍樹菩薩的《中觀寶鬘論》中持同樣的見解：

士夫非地水，
非火風非空，
非識非一切，

異此非士夫。

當我們尋找標示為「人」的根本特質時，是找不到的，但我們不會立即說那人不存在。我們找不到標示為人的根本東西，去除了常邊。但是這僅僅去除了常見一邊而已，並沒有完全了解中道。其中並未去除兩邊，於是龍樹接著說：

如六界集故，

士夫非真實。

換言之，人是一個六界集合的標籤。因此有一個人，雖然不是實質存在的人，這個去除了斷邊。以此去除了兩邊的謬見。

同樣的法則在這裡也適用。觀察心的生、住、滅，找不到任何稱為心的東西，這樣還不是真正的中觀。如果心是實存的，我們再檢視心的生、住、滅時，應該可以找到心的基礎才是，但我們找不任何的依據，這是心非實有的象徵，不過我們不能據此下結論說心不存在。當我們了解心是於一個可以依載的事物，是某物可以依存的，這就足以駁斥心是獨立自存的觀念。這是我們趨近中觀應成見關於「自性」的眞正結論，就是本來清淨。多竹千接著說：

所以，直到你對此深奧與重要的點感到滿意之後，依靠著成就者和博學者的著作，徹底的觀照。⑦

此處的重點是，爲了達到確切的中觀見，有必要做分析禪修。但是當我們在修明空不二的時候，並沒有辦法同時做分析修，那是一種排他的安止禪修。因此，分析修是大圓滿的前行。接著，我們必須對中觀見有個確切的了解。

當我們觀修空性的時候，會與無上瑜伽密續的深奧重點有個連繫，我們禪修的對象是心。例如，《密集金剛密續》談到「身遠離」、「語遠離」、「意遠離」。⑧意遠離牽涉到禪修空性，明確地是指心的空性，這在無上瑜伽密續的論典中是指「殊勝現象」。

通常，空性是依憑著一個客體或一個特殊的現象。如果這個客體是瞬間的或偶然的，當客體滅時，它的空性，雖然不是因緣的，也跟著滅。換言之，如果現象滅了，它的空性自然就滅了。

因此，爲什麼我們修本尊瑜伽並觀想本尊「恆常相」的理由，就是因爲本尊在我們的想像中是延續而且不滅的。如果我們以本尊的「清淨相」爲基礎並了悟它的空性本質，這個空性就變成普賢王如來，也就是佛的法身。否則，如果我們取非清淨相做基礎了悟空性，雖然同樣是空性，但相不會延續直達佛性，它的空性也不會延續。這就是爲什麼我們談空性是根據它的淨相。總之，禪修空性的整個基礎都是在心。

⑦ 此處達賴喇嘛簡述研讀《七寶藏論》（*The Seven Treasuries*）的必要。
⑧ 這些是《密集金剛密續》圓滿次第六階中的前三階，它的果是卓越的。

第十七章

教法的回顧

我被告知有一些人今天剛抵達，爲了照顧到他們的利益，在此回顧一下我們已經討論過的大要。對於從頭到尾一直都在這裡的人，也算提供一個複習的機會。

快樂是生活的目的

我們生活的目的何在？身爲人類的重心是什麼？這些是我經常思量的問題。我想你們會說生活的目的就是快樂。如果人們信仰一個宗教或教派等等的，並據以修行，是爲了快樂，而不爲別的。例如，佛教修行者致力於成佛，以得到究竟安樂爲目標。然而，那並不只是爲他們自己，因爲他們發願成佛之後也要讓一切眾生得到究竟的安樂，這是他們所努力的。事實上，得到快樂是我們每一個人的基本權利，也是合理的、圓滿的願望。

如果你思量我們極力追求的快樂和想要避免的痛苦，有許多不同的類型。以開發中國家爲例，那裡的人們因爲貧窮、教育程度低、疾病、飢餓，面對各種困苦，緊接著食物、飲水、衣服的短缺，他們必須遭遇艱困環境的衝擊，那是一種痛苦的類型。在經濟較開發的國家，人們普遍比較富足並接受良好的教育，在環境上也受到較好的照顧，但人們依然不快樂，因爲有另一種類型的痛苦。

因此，我想我們可以看清楚一種型態，在經濟困難的國家，人們痛苦的形式是關係到五官和身體的範疇；在比較富裕的國家，人們的問題和不愉快，大部分牽涉到認知和心的領域。

如果比較這兩種型態的快樂和痛苦：一個主要是靠身體，一個主要是靠心——我們可以看到心對我們的影響力是比較大的。如果你居住在比較富足的地方，就可以被圍繞在舒適便利的環境，但是你的內心仍然不快樂。因此顯而易見的，要解決你的問題，唯有透過心才能成功。你不可能靠花錢去消除這個問題，不管你多努力。藥物、鎮定劑、甚至瑜伽和運動課程，也不見得有效。當然，像這些策略可能帶來暫時的減輕，或是對你的緊張與紛亂的思緒提供暫時的舒緩，但是潛伏的問題依然存在。如果你不知道如何對治你的問題，並運用智慧直接處理，而只是找一些暫時的策略，停止思考這些問題，或幫助你暫時逃避，這樣並不能眞正解決問題。

我們必須善用我們的心和聰明才智。屬於心領域的問題，我們就必須回到其根本，發現它們的因緣和影響，並進一步了解。像這樣直接面對是至爲重要的，而不只是予以忽略而已。因爲如果我們這麼做，就可以找到心的平靜和安寧，那是堅定而不輕易被擾亂的。

相互依存：對生命的廣見

我常說我發現佛教知見最有助益的事之一，就是相互依存。我們不應該認爲這只是佛教徒的修行，事實上，這是我們每一個人都可以洞見事物的一種方式。如果我們花點時間思考相互依存，就會發現它在生活中對我們有極大的幫助。

相互依存解釋諸法是如何受到因緣的影響。所有事物的改變和發生，沒有一項是單一的原因或條件所造成的結果；相反的，事情的發生需要有無數因緣條件的聚合。這些因緣也需要有自己的因緣條件，以此類推。相互依存顯示有一系列的因緣聚合形成新的因緣條件，帶來了改變，創造了新的因緣。再者，在這些因緣條件中，我們的思維方式也是一個因素。

當某事以某種方式幫助我們或傷害我們，使我們經歷了快樂或痛苦，這不是單一的原因所造成，而是由許多互動因緣的複雜網絡造成的結果。當我們確實如此自我檢視，很自然的，這給了我們對事物更寬廣的視野。通常，當我們以貪執或厭惡去對應事情而感到沮喪，是因爲我們習慣把快樂和痛苦歸結到單一的原因。如果是壞事，我們就歸因於一個因素，並當成是責怪的目標；如果是好事，我們也認爲是歸功於一個原因。事實上，發生在我們身上的不論是好事還是壞事，都不是單一的原因，而全都是不可勝數因緣聚合的結果，全都彼此依存。如果我們能認知到這點，就有很大的幫助。當我們對自己的貪執與瞋恨不再責怪於單一的目標，那麼歸因於單一目標而激發的情緒力量就會減低。

依靠他人

根據人類生理學的研究顯示，當我們因爲心理因素而產生痛苦煩惱，在我們的體內會有一個因化學物質而起的自然反應，釋放出內啡肽和腦啡肽，會對痛覺麻木。身體對痛覺有一個自然、本能的反應，會去尋求減輕痛苦。我認爲我們的心也有類似的特質可以減輕內在的痛苦。當人們遭遇困境時，會自然且本能的產生愛與關懷的感覺，想辦法幫助他們脫困。當我們如此互相幫助，便會產生一種互信的感覺，因此當我們面對困難時，我們知道有人可以依靠。值得信賴和一顆善心、誠摯與忠實、真誠、友愛和親切，這些都是人類的基本特質。如果我們擁有這些，人們會很容易信任並幫助我們，不管我們是不是真正面對困難，很自然的都會感到放鬆和自在。即使我們有困難而且別人也無法提供協助，看來也不會那麼嚴重，因爲只要能和別人談談並分擔我們的困難，就會有幫助，這就是人性。

因此，當我們碰到心理層面的痛苦、情緒和心理問題時，有一個自然的習慣會彼此照顧，坦誠、友善地協助彼此脫困。我們很自然的會有這樣的習慣，因此會表現得「像一個好人」，這是很奇妙的特質。我們認知這個正面的習氣和其價值是很重要的。我們不應忽視或低估，而是要看它的重要和需求，因爲它真的會幫助我們度過生命中的困境。這與前世、來生或宗教都沒有關係，而是當我們面對生命困境時有幫助的東西。

如果思維我們身爲人類，從誕生那一刻，整個幼年時期都是依靠他人而生活。我們無法自己營生，因此在母親和孩子之間發展出一種非常特殊的親密連結。在某些動物卻有所不同，例如海龜，母龜在隱密處下蛋後，就不再和牠的子女連繫。我想如果小海龜偶然間遇見牠們的母親，可能不會有其他動物那樣的親密感覺，因爲牠們不需要依靠母親而生存。母龜只負責下蛋，當小海龜破殼而出後，就只管爬向大海而已。母龜不需要教導小海龜、不需要餵奶、不需要做任何事，因此在母龜和小海龜之間可能沒有這種親密的強烈感覺。或許小海龜們根本就不認識自己的母親。

然而，人類小孩的情況是必須依靠雙親而生存，因此在他們和父母之間有一種自然的愛的感覺。這就是我想的，或許是錯誤的，但我認為一開始我們就彼此擁有這份愛，這種溫暖和關心，是源自於我們因為生存而必須彼此依靠。

在一開始我們擁有這份愛，母親與孩子之間相互的愛，我們的錯誤在於，時間久了之後，慢慢的我們越來越不重視彼此依賴的重要，並且認為沒有必要。我們認為自己可以照顧自己，不需要依靠任何人。雖然我們認為獨立是一種夢想，但我們因此感到驕傲、勇敢和自信，以致不再對他人感到愛，而是開始嫉妒、意圖傷害、剝削他們，這導致社會的各種不愉快以及個人的苦惱。我們會覺得好像沒有一個人是可信任的，沒有一個人是可以眞正依靠的，我們開始感到與他人斷絕來往，離群而孤立。然而這種情況完全是我們自己造成的，這與我們身而為人的本性背道而馳，完全是根據我們自己虛幻的想像。

另外，因為經濟的發展和科技的進步，如果我們逐漸把希望和信賴放在物質上，例如錢財和家電等機械用具，是非常危險的。我們認爲這些會保護我們、給我們安全、能確實在各方面幫助我們，但我認爲這種態度製造了許多問題。

雖然相互依存是佛教的知見，但卻是我們每個人在日常生活中都可以用的東西。例如，當我們在學校的時候，我們學習世間法的東西，這給了我們更寬廣的視野。當我們反思相互依存的本質，也可以開展我們的心胸，並開闊我們整體的見地和思維方式。我們開始認知，例如，我們擁有身而爲人的正面習氣是多麼重要。與此關係密切的，我們可以對物質發展有更清楚的認知，因爲不管我們對物質有多麼的需要或多大的利益，也都不該把所有的希望和信賴放在物質上。相反的，我們應該開始不受物質所掌控，並開展身而爲人本有的正面特質，這樣，我認爲，我們會有較快樂的人生。

這不只是有宗教信仰的人才應該關心的事。每一個人都希求快樂，沒有人想要痛苦，我們都擁有這些人類的正向特質，所以你們可以稱這是「世俗倫理」。

宗教的真義

如果我們對宗教有信仰，但卻只滿足於認爲自己是個信徒，因爲這是父母的信仰，而對此宗教的教義和修行毫無興趣，那麼我們將無法從中獲得利益。如果我們認爲宗教只是舉辦儀式或誦經祈禱，就無法把我們認爲「修行」的時段和日常生活結合。如果我們觀察主要的宗教傳統，如我經常說的，我們發現這些全都在教導愛、慈悲、忍耐、知足、倫理行爲等德行，這便是宗教的精義和核心。宗教不只是在寺廟中祈禱，而是如何引導我們在日常生活中能夠符合愛、慈悲、忍耐、知足和道德。因此，如果我們自認爲是宗教徒，就必須了解宗教的眞義——不要將太多重心放在唸誦祈禱和儀式上，而應放在日常生活的行爲上。不論我們是基督教、回教、佛教、印度教、猶太教、還是其他宗教的信徒，都必須把教法運用在日常生活中並相互影響，這才是最重要的。

有些人的確認爲宗教與日常生活無關，那麼他們對宗教必定抱持狹隘的見解。如果我們認爲宗教只是在寺廟中唸經祈禱，就眞的和日常生活沒多大關係。但是在這些儀式和祈禱背後的理由是什麼呢？是在增長我們的愛、慈悲、忍耐等德行。因此，如果我們是個宗教徒，就必須了解宗教的教義，對它們產生興趣，並能運用在日常生活中，我認爲這是非常重要的原則。

世上所有不同的宗教傳承，在使我們成爲一個好人這方面，或多或少是相同的。當然，不同宗教的哲學知見是不一樣的，爲了適應不同的智識和信仰而有多樣性。既然有這麼多不同的性格和傾向，一種見解可能適合某些人，另一種見解可能對另一些人更相應。以此看來，不同的信仰傳統就像是不同的藥一樣。藥醫治的是身體的疾病，宗教則是治療心病。當我們選擇一種藥，最重要的考慮就是病要治好。我們不需要花太多心力在價錢或藥的成分上，當我們給患者藥時，也不必解釋這些細節。唯一重要的是藥能不能將病治好，至於其他便只是枝節問題了。

同樣的，不同的宗教傳統有不同的哲學見解，但所有這些知見的眞正目標只是在利益人心。從這個角度看，它們都是一樣的。哲學知見不同，有些比其他的更精闢細緻，但你不能說哪個「好」、哪個「壞」，重要的是它更適合某人。如果你認爲較細緻的知見是最好、最深奧的，那麼這對你個人而言就是最好的。重點是，不管哪一種知見，適合你的性格和信仰的，就會有最大的助益。

佛法的真義

讓我們特別來看一下佛教。你可能會質疑佛教的眞義是什麼？通常我是這樣解釋的：「佛教的教法是非暴力，佛教的知見是相互依存。」當我們談到非暴力，換言之即是避免傷害。從外觀上有時很難判斷一個行爲是否有害，主要的因素是其背後的動機。身、語、意的所有行爲，都有一個本質上無害的利他動機。如果我們的意圖是殘酷的，例如想要欺騙某人並利用他們，雖然我們的行爲在外表上是非常無傷的，會以迷人的語言和堂皇的禮物包裝，但是行爲卻會造成傷害。爲什麼？因爲這是出於負面動機而爲。因此，有害和無害行爲的區別，主要是在其背後的動機。我想，我們可以說非暴力行爲意思是出於慈悲發心或利他動機的行爲。在我們內心中以這樣的發心，最大限度上，我們會眞正幫助他人；倘若我們無法幫助他人，至少也不會傷害他人。

而且，相互依存的知見顯示苦樂是如何產生的，同時顯示我們所有苦樂的感覺，以及內在經驗和外在環境，其生起是因爲某些特殊的因緣聚合。因此，相互依存的知見解釋了非暴力行爲背後的邏輯。怎麼說呢？因爲我們所經驗的苦樂感覺是依靠某種條件，是與我們的行爲密切結合。如果我們做出負面的行爲，就會經歷痛苦；如果做出正面的行爲，結果便會轉好。這就是事情發生的方式，是依靠因緣的。因此，如果我們不想要痛苦，就要避免做出傷害他人的事，反而要幫助他們。如果我們持續發展並修習非暴力，最後將導致菩提心，並使我們珍愛他人更甚於自己。如果我們進一步深化相互依存的知見，有一天就會導致空性見，了知諸法皆空無自性。這就是所謂「慈悲是空性的根本」，如果用在修行上，我們整個思維方式便會經歷巨大的轉變。很自然地，我們的生命會變得更有意義，我們會開始做利他的工作。當我們遭遇任何不可避免的困難時，我們的內心不再痛苦，或者痛苦至少比以前少。我們甚至會接受痛苦，以致即使被迫要忍受身體的疼痛，在內心中我們仍能平靜的處理，並將痛苦轉化為更遠大的目標。

讓我舉個例子，一九五八年時，康區和安多有許多寺廟已經被摧毀，許多喇嘛和堪布也被捕入獄，當時有一位修行很好的堪布被判處死刑，並由行刑隊執行槍決。就在他即將被槍決前，他唸了以下祈請文：

慈悲尊貴的上師，
願一切眾生的罪障，我過去生的母親，
所有他們的痛苦，毫無例外的，

都於此時此刻在我的身上成熟，
願我能給他們我所有的福報和功德，
也願一切眾生恆住安樂境！①

說完之後立即遭槍決而死。這個故事告訴我們，透過善巧和智慧修行，可以為我們的思維方式帶來有意義的改變，並開展非凡的勇氣。我們也可以達到像那位堪布那樣的境地，這樣即可轉化所有的逆境為成佛之道。

維持法的真實義

在此，我要陳述一個重點，不只是適用於佛教，對所有的宗教都一樣。我認為我們維持創教者和傳承主要弟子的眞實教法是至關重要的，一個宗教應該維持其原始的眞實義和可信度，這是

① 出自第四世班禪喇嘛羅桑確吉堅贊（Panchen Lozang Chökyi Gyaltsen, 1570-1662）的著作 *Bla ma mchod pa'i cho ga*。

無庸置疑的。

就這一點，我個人有一些觀察。例如，有一陣子在西方的書籍中曾把藏傳佛教稱爲「喇嘛教」，那是錯誤的。藏傳佛教是可信的且可檢證的傳承，可以回溯到印度的大成就者和博學的論師們，而不是一些西藏的喇嘛們在洞穴裡空想出來的。藏傳佛教完全是佛陀的教法，源自於印度聖地。

還有些人把喇嘛當作是「活佛」，這可能是來自於中文的翻譯。這是另外一個大的錯誤，如果這是出自於虔信的意思，當然是好的，但倘若我們檢視佛經，最初梵文「喇嘛」的意思是指「上師」，字面上的意思是「重」，亦即身負著珍貴的特質或是仁慈。喇嘛的藏文意思是「無上的」，或是值得尊敬的人。我們在任何地方都找不到「活佛」這個詞，也沒有看到上師就是代表成佛者的意思。我想活佛這個詞可能是源於中文的錯誤翻譯。如果「活佛」的言談舉止與凡夫俗子無異，也會是一種荒繆的寓意吧！

我們也必須察覺到另一個現象——「新時代」靈修，這牽涉到從一些不同的宗教擷取教義後，再編造一個新的宗教商標，這只是某個人自己的創造。當然，如果人們忠實而且也承認這是他們自創的產品，便沒有太大差別。但假使他們開始即興創造事物，並且當作佛教、藏傳佛教或是金剛乘的殊勝速成法來流通販售，那麼我們就必須非常小心。

不久前我遇到一位印度的社會學家，他告訴我他對佛教非常感興趣，事實上他也非常喜歡像是利他與菩提心的教法。但過了不久，當他碰到有關地獄的教法，尤其是無法忍受的熱惱地獄和寒冰地獄時，就變得非常不安且不想再聽。我想，如果從印度大師們傳承下來的原始佛教傳統中撿拾或選擇，我們很難隨處可得；我們只需選擇一些自己喜歡的，其他的則不必管它。當然，如果我們發覺某些東西與我們的信仰或經驗不合，便可以選擇不相信，但也不必驟下結論，認為佛法必須要改變，或者要求加入一些新東西成為特別的佛教。

事實上我聽到一個故事，一個弟子去看西藏喇嘛並說：「佛教是非常棒的，但有某些東西不符合我的思維模式。」喇嘛回答：「嗯？誰強迫你要成為一個佛教徒啊？如果不適合你，就算了吧！」我認為，的確是這樣。我們必須要維持佛教的眞實義，必須保存慈悲的導師佛陀的教法、印度成就大師們論著中的教法，以及西藏四大教派——薩迦派、格魯派、噶舉派、寧瑪派等成就大師們的著作，這是非常重要的。

我們必須謹記的是這些教法很可能對我們沒有立即的意義，事實上，它們是可知現象的不同分類。有三種所知現象，一是現前，亦即可以直接感知的；有些是隱晦的；第三種是非常隱晦的。在後者的分類中想要以理智去推論，對我們而言是非常難以理解的。如果我們只相信立即可見的或現前的現象，即使是佛性這樣的陳述，都會變得不可能。我們可以接受其一般性的概念，但是要如實接受它的教法就有點困難。因爲有些現象是屬於非常隱晦的，當我們發現有些事情無法對我們產生立即的意義時，就必須去檢視經典上的說法，並運用邏輯推理去反思。但是，雖然經過推論，仍有些現象我們無法看穿，若立即予以摒棄，對我們而言則有點傲慢。我們沒有能力了知所有的事物，包括所有隱晦的現象。有許多事物是隱藏在我們直接理解之外的，因此我們不能簡單地說我不相信它，因爲那就會成爲自以爲是和偏見。我說這個的重點是追隨著原始和眞實的教法是多麼的重要。

對於今天抵達的朋友們，這是概說的結論。現在我們要繼續龍欽巴的《大圓滿禪定休息論》的經文。

第十八章 智慧本覺

了悟淨光的兩種方法

一般說來大圓滿甚深道強調四灌頂的修行。四種灌頂分別是：寶瓶灌頂、秘密灌頂、智慧灌頂、文字灌頂。

在密續新譯學派的教法，據說一旦「眞實淨光」已經呈現，或是「行者雙運」已經證得，就不需要再修任何的法了。[1]換言之，根據密續系統，一旦見道的智慧生起，或是達到雙運的狀

① 有關「真實淨光」、「意義淨光」，可參考科索特的《無上瑜伽密續》（pp.66, 106-10）。也可參考揚千噶衛洛鐸的《龍樹菩薩密集金剛道與基》（Yangchen Gawai Lodoe, *Paths and Grounds of Guhyasamaja According to Arya Nagarjuna*, pp.75-80）。有關「行者雙運」或「行者雙運狀態」，可參看《無上瑜伽密續》（pp.66, 111-14），以及《龍樹菩薩密集金剛道與基》（pp.90-96）。後者引述《五層次》（*The Five Levels*）：「安住在雙運的禪定狀態，他無須做進一步的修行。」

態，我們只需熟悉已經了悟的，而不需再去修行或開展任何東西了。

根據舊譯學派九乘次第系統，大圓滿是究竟目標的乘，前面八乘的修習都是凡夫心識的訓練，是循著道逐步前進。因此，前面八乘是引導到究竟目標，也就是第九乘，此時已經不是以凡夫心識而是以智慧爲道。這就是爲什麼我們說大圓滿要強調第四灌頂。

在全知的克主杰多才多藝的著作中，有一本問答錄，包括問及大圓滿是不是清淨的傳承。他給的答案是，大圓滿不僅是清淨的傳承，同時也是眞實的教法。根據密續無上教法，大圓滿也是圓滿次第最高層次的指導。他說，大圓滿是極爲深奧的，不幸的，其名聲已經被一些在家修行者不道德的言行給傷害了。②

同樣的脈絡，堪珠諾桑嘉措在密集金剛的生起次第指導法要中，解釋有兩種方法可以引生自性清淨心。其一是集中並穿透氣、脈、明點；例如，在圓滿次第時結合父續密集金剛，再透過氣瑜伽了悟淨光。另一種方法，他說是「古老的禪修傳承」，意指寧瑪派的大圓滿傳承和噶舉派大手印傳承。他表示，透過這古老的禪修傳承，可以經由無念禪修了悟淨光，而不需要透過身體的氣、脈、明點。

這一點是非常明確的，別忘了克主杰是格魯派最偉大的宗教家和坦率直言的作家之一，是分析什麼法可不可以接受的專家，而這是在他多才多藝的論著中所說的。同樣的，堪珠諾桑嘉措是一位知名的學問家和大成就者，他即身證得雙運的層次，這一點是我要說的。

依靠傳承上可信的著作

大圓滿教法有無數的論著，有些十分細緻，有些比較簡略。大圓滿有許多指導手冊，例如，有著許多不同的、被發掘出的伏藏法。依照我前述的兩種方法，有一整套教法的一般方法，以及針對某些個人的教法。這些教法的論著通常是爲了指導個人，多半是以詩歌的方式直接指點，而不會提供教法的完整綜觀。大圓滿眞正基礎的教法是龍欽巴所寫的論集，尤其是《七寶藏論》，以及由遍知第二的吉美林巴所寫的根本論典《自性寶藏》（*Treasury of Precious Qualities*）。除了這些之外，還有隆榮確吉桑波的著作。如我們所知，他早龍欽巴三世紀。這些是大圓滿傳承的偉大著作，也就是我們務必要參考的。

② 達賴喇嘛引述克主杰的回應，參看《慈悲與智見》（pp. 203-5, pp.231-32）。

同樣的原則適用於藏傳佛教四大教派——薩迦派、格魯派、噶舉派、寧瑪派。我們不能只靠看一本簡略的經論或從各處取到的片斷教言，就想對某一種教法得到完整的圖像，因爲這總會有誤解的危險或誤入歧途的可能。舉格魯派爲例，如果我們要對格魯派的知見有確切的理解，就必須依靠宗喀巴的著作。否則，你若只是聽某人主張他是格魯派的知見，這樣將無法保證他說的是正確的，因此必須要研讀該派傳承上的權威著作。這是我們要觀察並嚴肅思考的。

即使是我們個人，如果要避免修行上的缺失或誤解，就必須對自己的傳承有一個完整的了解，而有必要研讀傳承上偉大的論著，這也是我自己在做的。如果只研讀較短的、簡明的著作，我們將無法匯集完整的了解，因而可能會遇到許多疑點。但如果我們深入主要的著作，就可以看到事物背後的邏輯和理性，更能正確評價其關鍵點。因此，基於這樣的理由，我認爲參考傳承上的主要著作是很基本的。

本覺智慧

現在，多竹千晉美天佩尼瑪的著作有另一段，我要和你們分享。他是在談論本覺智慧——自性清淨心，但他是根據新譯學派密續的名相解釋：

關於內在明覺的智慧，《日月雙運密續》中說：

在心的珍珠寶殿裡，

是身的光明結合了空性和清淨，

它的臉孔和手臂完全像一個被裝在瓶中的身體，

安住在淨光的最微細形式中。

這裡說的有中脈粗重的和微細的形式，在這個「基地」中有淨光的本體，在最微細的中脈，在此乘不共法中所談到的「晶管脈」，就是殊勝的普賢王如來——無始無終的導師，遍滿一切的智慧之王。

中脈的粗重形式是在無上瑜伽密續中所提到，像《秘密藏密續》。中脈的微細形式就是一般所知的晶管脈或是淨光脈。多竹千說：

就是這偉大的壇城，在其中所顯現的和存在的都是一味……

在自性清淨心所生起的一切輪涅現象，都是平等一味的。清淨的現象有智慧的本質，不清淨的現象則是暫時的和偶然的，這是唯一的不同。在淨光的化現下，它們都是一樣的。論中繼續說道：

……這種覺悟的狀態不是從凡夫心識生起的，基本的條件不是靠概念性的思維造作的，純然清淨的佛性從來不曾被任何的過失染汙，而且一直都存在著。在其他範疇的密續，這是指「一切空」的根本心識。因此，在這裡，根本心識和無爲智慧是指同一件事。

我已經解釋過在這部論中「無爲」的意思。當我們在新譯傳承的論著中看到「根本心識」，這個「心」字是用在最寬廣的意義上，包含智慧；在此，我們甚至可以說它是佛性的呈現。這不是指與清淨本覺區別的凡夫心識的「心」。

即使是在寧瑪傳承，心這個字通常也不是指凡夫的不淨心識，例如在瑪哈瑜伽中的眞實意嘿嚕嘎（Yangdak），心是用在與六瑜伽的結合上。多竹千接著說：

心一直都呈現著，從來沒有改變。

凡夫心識生滅無常，但是這不同，它無法改變自己的狀態。

一直都是自在的，從沒有顛倒。

本質上，它總是自在的、恆常的，因此不會變得混淆。

它不生不滅。

我們不能把「生」、「死」這樣的字眼用在自性清淨心上。粗重的凡夫心識有開始和結束，就像地、水、火、風四大元素一樣有生有滅。但是空大，與此不同，它們從中生起之後便完全被吸收進入其中，超越了生與滅。

在我們凡夫心識的狀態，是比較粗重的意識層次，即使是在念頭與情緒最激烈的貪瞋時刻，仍然有本覺或覺性的本質。因此這些狀態下仍然遍滿著本覺的樣貌，但我們的心識仍然是模糊的。如同晉美天佩尼瑪所說：

雖然那是它的本質，但它的樣貌被三相和概念式的戲論遮蔽了，因為業風等兩萬一千個動作，我們無法看到它的本質，這就是為什麼一般人這麼難以了悟。如同《幻網經》所說：

妙哉法爾總如是，
外表多變自性密，
至深微處極秘密，
極秘密外無諸法。

那就是為什麼會稱作「內在明光，寶瓶身」。然而，不要誤以為佛就是裝在玻璃櫃中的鎏金雕像。

寶瓶中的身體形象是用來說明我們的自性是如何在內在光明中呈現，在某種意義上，限制在那裡，直到它被釋放。

在大圓滿立斷法的修行，是有關清淨覺性或本覺的禪修。明確的說，就是開發對本覺的熟悉度，以便有一天能夠與凡夫心識區別。然而，我們怎樣能做到呢？在根本清淨心仍處於潛伏狀態，以大圓滿的術語，我們說那是根本淨覺還沒有化現，好像是潛伏著，所以我們此處談到的是燦然明覺。這是念頭在清淨本覺生起時的狀態，是在內心裡的動作，藉由三相以及八十種可表概念而產生，因此這不是根本淨覺，而是燦然明覺。當念頭和情緒生起成爲本覺的能量，所有的意識狀態都遍滿著本覺，「就像芝麻種籽遍滿著油一般」。不管是哪一種心理狀態，或我們經歷的是什麼念頭和情緒，仍有一個知道和識別的能力，那是本覺的某一部分。就這個覺知的部分，透過一個有經驗的老師指點，當所有因緣都聚合的時候，即可以對已經修行到一定程度的弟子點明。因此透過燦然明覺，這個直指就發生了。

一開始，弟子必須要從聽聞和研讀教法中獲得某種程度的了解。接著，透過慢慢增長的熟悉度和在經驗中穩定的體會，最後才會認知到自己的本覺。當此刻到來時，就不再需要任何修行了，只要持續安住在本覺自身之中。這是透過正念而成就。然而，有兩種正念：一種是作意的，一種是自然的。這個修行不能透過作意的正念而成就，因爲那會讓我們產生類似這樣的念頭：「現在我在禪修大圓滿」，或「現在我在維持著本覺」，這樣就會把我們帶回到凡夫心的境界。

只要心受到普通的概念干擾執著，我們就會回到凡夫心的粗重層次。在此刻，粗重的凡夫心具現了，我們要盡可能的運用已經對於凡夫心和本覺之間區別的了解，以便能回到覺性的層面。嘗試以正念把心導向本覺是沒有用的，就像射箭一樣，只要自然、輕鬆的安住在覺性的本體中即可。事實上，這是超越語言文字、念頭和表達，是很難溝通或立即了解的。

在一種情況下，直指本覺會發生，像是從一位具德上師接受「本覺能量灌頂」。但是認知本覺有許多不同的方式，在上根弟子的情況下，並不需要正式的儀式。

我講個故事來說明，大圓滿法的成就上師堪布門色在幾年前圓寂。③我認識一位住在拉薩的人去請求堪布門色向他直指心的本源，當他抵達堪布門色的住處時，頓時感到一股強烈的信心，強烈到淚流滿面。堪布門色只是坐在那裡，唸誦著，並沒有給他任何的教示。過了一會兒，堪布轉向他說：「你已經接受了直指法要，你已經接受了本覺能量灌頂，回去吧，並以此禪修。」這顯示根器最利的弟子是不需要依靠儀式的。

中根的弟子需要一個根據經典的正式直指法要，例如，我自己就親從頂果欽哲仁波切處接受了《益西喇嘛》的法要。④身體要採用某種姿勢，上師會給予直指法要，例如藉著喊出「呸」（Phat）字或是用其他的方法，因爲這些方法不尋常、不熟悉，而且在刹那間發生，會引發心立刻進入空白、沒有任何的思維過程。有一種對此的陳述，我聽堪布仁千⑤說過。有些人認爲源自薩迦班智達貢噶堅贊，有些人則主張不是。它是這樣說的：「在前念與後念之間，心的本體淨光連續地浮現。」⑥當前念息滅，後念還未生起，其間有刹那處於無執著和無「它像這樣」或「它像那樣」念頭的狀態，只有清淨的覺性，它是本來澄明而知覺的。這是燦然淨覺，是本覺的一部分，而不是自性本覺。如果因緣聚合，我們會有這樣的經驗，透過它，我們可以認知本覺，而這

③噶洛堪千門色（Golok Khenchen M?nsel, 1916-93），他的傳記載於紐修堪布仁波切《藍寶石——大圓滿傳承持明源流》，pp.524-26。

④《益西喇嘛》（*The Triyik Yeshé Lama*）為吉美林巴（1730-98）所寫，如東杜仁波切所觀察，「已經成為寧瑪傳承大圓滿法最廣泛的指南」。依照最密、最佳的口傳法要分類，它結合了大圓滿密續的精髓和立斷與頓超的實修法要，而且是中陰狀態解脫和清淨化身解脫的指南。

⑤出生於東藏，堪布仁千（Khenpo Rinchen）流亡印度之前，在宗薩佛學院執教，成為薩迦法王崔津仁波切的上師，在鹿野苑的西藏佛學院成為主要的薩迦堪布，並在布魯瓦拉（Puruwala）的薩迦寺院擔任首席堪布。一九七四年達賴喇嘛在菩提迦耶舉辦時輪金剛灌頂法會時，讚揚他是嫻熟藏傳佛教四大教派的上師。二〇〇〇年達賴喇嘛在列繞法林寺也說他：「我想四大教派的上師很少有人能夠完全了解其他教派的教法。就個人的體會，我可以說堪布仁千是其中之一：他的確是一位卓越的上師。」

⑥參看達賴喇嘛《大圓滿》，p.234n45.；《藏傳佛教世界》，p.151。

樣的認知可以經由接受加持產生。

我認識一位來自康區屬於噶舉傳承的喇嘛，雖然他修過大圓滿法，也確實是一位非凡的上師，但不幸的他於不久前往生。他告訴我，他年輕的時候接受過大手印和大圓滿的直指法要，但當他在修前行的時候，意圖欺騙上師。他必須很早起床做大禮拜，他們沒有點酥油燈，屋內仍然很暗，他的上師會坐在附近禪修或唸誦，他則必須在漆黑的角落做大禮拜。但他並沒有做大禮拜，只是膝蓋著地偶爾手掌碰地發出聲響，假裝在做大禮拜。他持續這樣欺騙上師有一陣子，當然，他連一點最低程度的了悟都談不上。

有一天，他的上師往生不久，他突然對上師生起鮮明的記憶，並充滿強烈的虔敬心。事實上，他對上師的虔敬如此強烈而一心，幾乎昏厥一般。當他回過神時，他想：「啊！這就是他們所說的本覺吧！這一定就是大手印的淨光。」他以這個感覺和體驗，透過修行不斷的予以強化，使其變得越來越清晰澄明。他持續不斷修行了很長時間，達到清淨的程度。他告訴我，他甚至能回想起一些前世的記憶。當他初次透過上師的直指時，並沒有獲得任何的了悟，因爲他意圖欺騙上師；但是之後，透過長期勤勉的修行，他終於獲得某種程度的了悟。因此在某些例子看來，這種經驗是藉著長期修行而得到的成果。

如我們所知，當我們用「本覺」或是「本覺的部分」這個詞時，意思是自性本覺或燦然淨覺。當我們了知燦然淨覺之後，就必須延續這個本然的、不作意的正念。一開始我們無法維持正念一段很長的時間，但是慢慢的經過一段時日，維持正念的時間便越來越長，經驗越來越深；而我們的覺性並沒有追逐或捲入念頭和外境之中，只是安住了知，沒有忘失根本。當此時凡夫心識失去作用，意即引發它動作的氣也自然的改變且失去力量。結果概念式的思維停止了，達到完全無戲論或是「無念」的禪定狀態。所有凡夫心識的不同程度，以及氣的粗重、微細、極微細狀態，都消退融入淨光之中。

在此，我要讀一段祖古楚洛對大圓滿見地的指要：⑦

你們可能會問，我們何時才能從凡夫心識和障礙本覺眞正面貌的雜念中解脫，使我們的法身智慧能彰顯？這個智慧的眞正本質是什麼？最近以來許多大圓滿的行者對此都

⑦ 書的題名為《普賢王如來智慧心莊嚴論：顯大圓滿清淨見暨除邪見秘密法要》（*Ornament to the Wisdom Mind of Samantabhadra: A Secret Instruction Directly Revealing the View of the Clear Light Dzogpachenpo and Dispelling All Wrong Views*），收錄在楚欽桑波（Tsultrim Zangpo）的集論中。

沒有基本的了解，因此有些人認爲大圓滿只是心的寂止，而沒有任何的心理活動。有些人認爲心的澄明與覺性是透過三摩地的成就，而沒有受到粗重念頭的染汙。有些人驕傲的以爲，當他們認知並停留在粗重的念頭，以及意圖抑止粗重想法的較微細念頭上，這就是大圓滿的無上知見。甚至有些人聲稱，非概念的粗重形式已經是極微的、永恆的、獨一的、眞實的、最密乘的無上知見，但事實上卻只是超越了最明顯、最迷亂的念頭而已，仍然受到業風與概念的主宰。因此許多人完全顚倒知見並做了不相干的主張，就像指鹿爲馬一般。有類似這些不值得依賴和不可信的知見出現，顯示去除疑惑和誤解是多麼的重要。

因此讓我說幾句，根據我的具德上師的忠告，他能夠正確無誤的辨明前後兩位全知者龍欽巴和吉美林巴的洞見，他們是能根據經教傳承和伏藏傳承獨立評論大圓滿殊勝教法的先驅者。他說，只要三相的微細習氣以及概念性的念頭沒有停止，法身智慧是不會顯現的。當我們接近放下幻身的五蘊時，所有的業風、心所有法、三相的習氣停止，六大開始消融，從地大消融入水大，直到風大融入識大，識大融入相境，白色顯相經驗開始浮現，與瞋心相應的三十三種心所停止。當顯相融入增相，紅色的增相經驗浮現，與貪執相應的四十種心所停止。當增相融入得相，黑色的得相經驗浮現，與顚倒相應的七種心所停止。當得相融入空大，當意識之流的先前經驗消融而後面經驗尚未生起，此時法性中陰浮現。此時所有的業風、心所有法、三相的微細習氣都在心的中脈結束，根本智慧、本覺安住在此根據地，極微細的光脈之中，「無上殊勝的金色太陽」化現了。

基本上，此處是對於自性清淨心或根本淨覺的指要，是我們必須讓它具現的，正如我們已經了解的，有兩種方式可以達到。一種是在脈、氣、明點中穿透命點，引發三相和氣能的終止。另一種則不需要透過脈、氣、明點的運作，而是依本覺的一部分，或說遍滿意識所有狀態的淨光，當凡夫心識和本覺混合時，我們可以把心識和本覺做明顯的區分，並將心識導向覺性，讓其顯露，並持續保任，如此可以慢慢的接近本覺，凡夫心識的力量和動能就會消失。但當然，必須有許多因素聚合才有可能發生。不是只有集中心意，我們還必須接受加持並透過一些前行的修習等等。

爲了像這樣了悟本覺，我們必須積聚福慧並清除業障，還必須進一步捨棄九種行爲——身、語、意的內在、外在、秘密的行爲。⑧這包括捨棄正面的身行，例如大禮拜、經行，當然也包括負面的行爲，像是營生、賺錢等等。至於語行，意思是不只要去除負面的語言形式，還包括各種的唸誦、祈請等等。關於意行，意思當然是指捨棄對念頭的執著和顚倒，此外還包括其他除了這個修行之外的一切事物。在此刻做任何事都會是一條錯誤的道路，也就是所謂的「我們必須安定錯誤道上的散亂」，所以在這個階段，即使是禪修慈悲或開發虔敬心都不要做，因爲這些不是現階段特殊時期的重點。當我們捨棄了這九種型態的行爲，便必須以眞正投入的態度修行，這並不容易。許多人認爲大圓滿法很容易，但事實不然。也或許是我個人覺得很困難吧！儘管如此，實際上，這是一切乘的頂峰，是極爲困難而絕非容易之事，這是我們一開始就要清楚的。

在大圓滿中，對於積福淨業最獨特的精髓指要是修行「區別輪涅」（khordé rushen），這也是開發出離心和摧毀妄念的一種方法。接著才是身、語、意的前行，即所謂「尋找心的隱藏瑕疵」，檢視心的生、住、滅，這是開發空性見的一種方法。

中觀見的重要

當要探求知見，有些上根的人像是優塡王（King Udayana），當他看到十二因緣的輪圖時，就了解緣起法的順觀及其逆觀，而光是這樣，據說就足以讓他了悟實相。還有一個故事，密勒日巴的一個親近弟子，當他碰到密勒日巴的時候還只是個牧童，密勒日巴的出現令他感到非常快樂，他停留了一陣子，密勒日巴問他：「『我』在哪裡？思維『我是』的意識是什麼形狀？是什麼顏色？」這位弟子回家後專心一意的思維這些問題，第二天他回去找密勒日巴，並說：「根本就沒有『我』。」這是針對特殊弟子的教法。只要弟子的所有正因緣具足，當他尋找隱藏在標籤和名相背後的對象時，便了悟了空性見。

對此，祖古楚洛寫道：

透過最微細的邏輯推理，有些特殊的人有能力了達實相。只要教他檢視心是否有顏色、形狀，或是推敲心的生、住、滅，他們就可以運用微細的邏輯思維駁倒所有駁斥的對象，即使是最微細的——心非實有。因此，透過這樣推理的力量，上根利器的人可以

---

⑧三門的九種行為，所有外在、內在，身、語、意的密行。身行有三：(1)外在的，所有世俗的散漫行為；(2)內在的，所有普通的善行，例如大禮拜和經行；(3)秘密的，會分散修行的所有不必要行為。語行有三：(1)外在的，所有世俗的、欺瞞的言語；(2)內在的，所有的祈請儀式和唸誦；(3)秘密的，所有言談。意行有三：(1)外在的，所有世俗的、虛妄的念頭；(2)內在的，所有生圓次第的觀想等心理行為；(3)秘密的，所有內心的活動。

了悟諸法空性。而像我們這樣的人，了解空性是非常重要的，就像中觀所說的一樣，藉著聞、思中觀的經論，理解所有的邏輯辯證，證實諸法空相。

因此，他堅持了解中觀見是最重要的。在同一本論中的稍後，他解釋爲什麼光了解本覺並保任修行是不夠的，以及爲什麼要開啓空性見：

覺性與空性必須結合的理由，除非我們能以本覺的清淨覺性禪觀空性，否則只是了解本覺的本質，並不足以斬斷輪迴的根。即使是在法性中陰，安住在基地的本覺呈現，但是這個本覺並沒有了悟空性，並沒有消除我們對現實的執著，也因此未能斬斷輪迴的根。只透過基地本覺的化現，執著於現實的輪迴之根是無法切斷的。在法性中陰基地本覺化現的時刻，對沒有入道的凡夫來說，其感知既不眞實，亦非實相，只是混沌不明的狀態。這樣的心理狀態，全知的吉美林巴就用「無明」這個字。

換言之，就是母光明和無明結合。論中繼續說道：

因此，不論是在經教還是密續，都有一個共識，執著於諸法爲實有的無明——位在我們的業和散亂的情緒中，直接對治的唯一方法就是了悟空性的智慧。因此對於大圓滿的修行者也一樣，了悟空性是極爲重要的。《聲應成根本續》⑨說道：

空生萬有，
有緣本空，
空有不二。

濟儂瑟巴查⑩說：

沒有了悟空性如何能解脫？
沒有大圓滿如何了悟空性？
除了我還有誰能如此讚嘆？

⑨ 大圓滿口傳最密指要十七根本密續。
⑩ 五世達賴的匿名。

我們需要一個特殊的智慧型式，也就是了悟空性的智慧，以作爲直接對治所知障的方法。沒有這個智慧，我們就無法直接對治所知障，這個智慧可以透過大圓滿而了悟，並認知自性清淨心。因此這點非常重要。論中繼續說道：

全知的龍欽巴也說：

即此外相非心識，

實爲心識之幻化。

藉著此說，他教示諸法空性只是心識念頭的幻化，念頭並不自行安立。

中觀見是經教和密續的共法，認定諸法只是名相和言詮。如同《優婆離問經》所說：

所有盛開的可愛花朵，

閃耀金光的可喜宮殿，

光芒如此也沒有究竟創造者，

它們不過是念頭的力量所成，
　整個世界不過是念力所成就。

當了解諸法不過是念頭的力量所形成，我們就可以看到它們並無自性，不同於我們所認爲的。在大圓滿中，我們說諸法是本覺的能量。一切諸法不論是清淨或不清淨，都沒有超過本覺的範圍，都是它的化現或展示。如果了解這點，對我們平常看待事物產生貪瞋並執以爲眞的知見，必然會產生重大的衝擊。⑪

⑪一九八四年達賴喇嘛在倫敦引述多竹千的話語：「在這方面，多竹千晉美天佩尼瑪說到，一旦你了解諸法只是從這個本覺所自生的能量和化現，就很容易直接證悟諸法不過是一個概念式的存在，只是被如此標示而已。」《大圓滿》，p.69。他在許多場合引述這段話，例如，「多竹千說，當我們能夠確定所有的顯現和發生的所知對象只是心的遊戲，我們必然會更加了解中觀應成派的立場，這些存在不過是透過概念性的力量。」《慈悲與智見》，p.214；《藏傳佛教世界》，p.120；達賴喇嘛《格魯和噶舉大手印傳承》（*The Gelug/ Kagyü Tradition of Mahamudra*, pp.225-26）。

自性、本來清淨

祖古楚洛的論典中也談到本覺的本質和自性清淨心，或是基地的本覺。從三個特相介紹：其自性、本來面目和慈悲能量。

再者，空性本來清淨（ka dak），是指空性淨光的空性智慧，輪迴與涅槃的創造者，超越了無始和無為。如果進一步解釋，ka意思是「最初」，或西藏三十個輔音字母中的第一個，淨光的智慧總是清淨的（dak），從無始劫以來就是。它不會被外來的觀念、念頭、凡夫心識的情緒所汙染，不論是微細的還是粗重的，以及從中生起的各種不清淨負面行為；和各種粗重及微細的心識狀態，像是它們所啓發的虔敬等清淨正面行為；或是它們所激發的各種中性的意圖和行為，像是日常工作和例行事宜。它也不受到相信諸法實有或我有的無明、執著習氣、業風所汙染，因此這個淨光稱為本來清淨和自性空。⑫

稱作本來清淨，是因爲它超越外來的汙染而且它自性空，那是本質上的空。有一些重要的相關名詞也是針對此而做解釋：⑬

> 因爲這個智慧和本覺是不間斷的，不像凡夫心識或個人會被摧毀或遭遇生滅與生死，因此稱之爲本有的和恆常的。因爲它不是業或念頭所創造，所以稱爲無爲智慧。因爲它不能被心識或心理狀態所傷害，也不被任何外來善不善的念頭所束縛，或任何內心的動作所干擾——不論是正面或負面的、粗重或微細的，因此稱爲無礙的。雖然人的凡夫心識會落入一邊——善、惡或無記，這個智慧或本覺是超越所有的限制或立場，並不會落入善、惡或無記之中，因此稱爲平等捨。⑭

論中接著定義其他的名詞，像是無作意、自性光明、淨光、大樂俱生智慧、內在清淨智慧、

⑫ 楚欽桑波《智慧心莊嚴論》，pp.10b-11a。
⑬ 楚欽桑波《智慧心莊嚴論》，p.11b。
⑭ 藏語的詞分別為：gnyug ma, rtag pa, 'dus ma byas pa'i ye shes, zang thal le, phyal ba chen po.

超越凡夫心識智慧、五智的本質、基地法身。

總之，應有兩種方式來了解「自性本來清淨」。第一種是，自性本來清淨是沒有所有外來的狀態，包括三相。自性清靜也從來不會被三相所染汙。第二種是，自性本來清淨是超越概念式的戲論，以及伴隨著概念的四種或八種極端。

自性是自然的呈現

「自發呈現的自性」不像空性、本來清淨，它產生所有的輪迴與涅槃。如龍欽巴在《如意寶藏論》中所說，它是業、煩惱情緒、輪迴現象的根本。⑮外來的現象不是淨光自性的一部分，雖然淨光提供了它們一個基礎，但它們完全不是依賴它。就像是天空中的雲，在某種意義上來講，雲是依靠著天空，但不論雲有多麼密集，卻從來就不是天空自性的一部分，雲和天空是可以區隔的。天空和雲都呈現，但兩者並沒有碰觸或成爲彼此的一部分。相反的，涅槃的現象不可分地依靠著淨光自性，就像太陽和它的光線一樣。法身與智慧一直是自性的一部分，從來沒有與自性分開。簡單說，自發的呈現或圓滿自性是一切清淨與不清淨現象生起的基礎。

在此基礎下，自性、本來面目和慈悲的三項特質是結合的，但在概念上，我們將它們區別，談到自性，認爲是本來清淨；談到本來面目，則認爲是自然呈現的。「自然呈現」這個詞指出自性是一切輪涅現象所從出，同時也吸收了一切現象。

遍滿的慈悲

轉到遍滿的慈悲，祖古楚洛說：

> 智慧化現的力量是可以生起一切的，因此慈悲的能量遍滿一切。所有涅槃的清淨現象和輪迴的不清淨現象，不論什麼，都只是我們自心所生起的外相。所有輪迴與涅槃的一切都是如此，並不是輪迴或涅槃中的個別現象，而是非自性實有。概念的本質評估現

⑮龍欽巴《如意寶藏》「大乘要議論」（*Precious Wish-Fulfilling Treasury, A Treatise of Pith Instructions on Greater Vehicle*, p.152）：「再者，它（自性）提供了業與煩惱情緒，以及輪迴現象的基礎，事實上是依緣著它。這些（現象）安住在自性法界中，沒有碰觸它或成為它的一部分，就像雲一樣，在某種程度上說是依緣著天空。」

象，心的非概念狀態是本覺清淨覺性的智慧。簡單的說，所有輪涅現象不過是我們自心生起的顯現，透過本覺智慧創造力量而生起。

總之，我認爲最重要的是要了解自性是本來清淨，本來面目是自發顯現的。在這兩個基礎上，生起所有輪涅的清淨和不清淨現象。

大圓滿法的一些要點

在我們還無法確切了解所有解釋這些法的眞實義理時，我們仍然可以達到某種程度的理解。在此點上，我們無須以概念心來分析，而寧可安住在非概念性的思維。在大手印禪修中，第四世班禪喇嘛羅桑確吉堅贊的格魯大手印傳承，是禪修「輪迴與涅槃不二」。⑯在大圓滿傳承中，眞正強調的是無念的禪修，並不是以凡夫的聰慧心去分析的。

當心識安住在無念狀態，在這論中有時被形容爲「驚愕萬分」（hedewa），⑰這只是被驚異所驚嚇或衝擊，但還不夠充分。只是停留在這個驚愕的狀態，以及對心念有一點覺知，還完全不足以認知大圓滿見。內心粗重的念頭和情緒停止了，有一些清淨的覺性，但這仍然不是眞正的大圓滿見。重點是，當安住在這種奇妙驚訝的狀態，也必須要具有完整與無礙清淨（zang thal）的特質，如同在《三句擊要》中所說：「突然作意呼一呸，威猛短促眞稀奇；一切皆無唯驚愕，愕然當下皆洞達。」這只有透過體驗以及上師的加持才能達到。

之前我們談到念頭、情緒的解脫，以及不同形式的解脫，如：本來解脫、自我解脫、赤裸解脫、完全解脫、邊見解脫。[18]這些解脫有不同的階段，如同行者在禪修時對於修行方法逐漸熟練。一開始的解脫發生在我們認知念頭的時候，就好像認識一個熟悉的朋友或熟人，在這個階段，較粗重的念頭和情緒生起。當念頭和情緒生起時，我們覺知它們已經生起，認知到它們就像認識熟識的朋友一般，它們就得到釋放了。這是一種方式的解脫。第二個階段稱爲自我解脫，當念頭生起時，其力量自然減弱且消退，就好像一條蛇鬆脫自己打的結一般，自然而且是自己所爲。接著，當本覺發展到圓滿，我們已經達到超越利害的階段，此時即使是最輕微的念頭生起，

⑯ 第四世班禪喇嘛羅桑確吉堅贊寫了一部有關大手印的根本論，參看達賴喇嘛《格魯和噶舉大手印傳承》。
⑰ 藏語為 had de ba。參看達賴喇嘛《大圓滿》，pp.66-67，194-95。
⑱ 藏語分別為 ye grol, rang drol, cer grol, rnam grol, mtha'grol。

本覺赤裸地安住在自己的根性上，念頭不會產生利益或傷害。就好像小偷進入一幢空屋一樣，不會得到什麼，也沒有失去什麼。這就是所謂第三階段的解脫。

當到了自修階段，可以用四種全放（chokshak）來解釋，也就是讓事情回到它們的本然樸質之中：⑲

知見，如山：放它自在歸本來；
禪定，似海：放它自在歸本來；
業行、外境：放它自在歸本來；
結果、本覺：放它自在歸本來。

有不同的方式可以解釋這些放下，但通常可以將它們與知見、禪修、業行、結果相連結，這是到了直接而赤裸地了悟自性本覺的階段，那就是「結果、本覺：放它自在歸本來」。

這是對大圓滿的基礎介紹，只是普遍性的概述，是對一般大眾而說的。事實上，當你要進行這些修行，這些教示就不能像這樣以概論性的或對大眾式的方式講授，這些教示必須是針對少數弟子。講授前述「區別輪涅」的修法必須非常小心，而且必須針對已經準備好修行此法的人。這種教法不能夠以單一的課程在大庭廣眾下講授。

我和大家分享的主要是以全知龍欽巴和遍知第一吉美林巴的論著爲基礎，並結合多竹千晉美天佩尼瑪和祖古楚洛的闡述。這些是我自己找到最合乎邏輯，以及最有幫助的論著。當你自己修行時，必須依照上師的指導，他會根據特殊的教法傳承指點你。我認爲那是最好的，但此處我所說的對於你在開啓更普遍的了悟上也有一點幫助。

在此，達賴喇嘛完成《大圓滿禪定休息論》的口傳部分。

結語

這裡完成了《大圓滿禪定休息論》的闡述，包括很多修行上的建議，以及在如何除障和強化

⑲ 達賴喇嘛《大圓滿》，pp.50, 171, 196 對此有討論，有時候第三種全放，「業行、外境：放它自在歸本來。」也稱為「業行、法要：放它自在歸本來」。

修行上殊勝的清淨指要。

以此，這幾天的教法至此結束。每件事都很順利，從開始、中間、到結束，你們都以最大的興致和精進聽聞。你們可能未必了解我所說的每一件事，當然也可能無法立即了解我說的每一句話，因此可能有時候感到很累人，但是每一個人已經盡最大的努力認眞聽講，我感到你們確實已經爲未來種下善根。

總之，究竟來說，我認爲重點是努力做個好人，這不僅帶給我們快樂，而且也會利益社會。這是賦予此生有意義的一種方法，而不管你是不是相信有來生，都要盡可能的爲你所有的來世做好事。

我也要感謝所有的工作人員、堅持辦好、支持這場法會的人，以及這個地區的居民對我們溫馨的歡迎。每個人都以正面的心態通力合作，感謝你們！希望我們能再相聚。有些人我們確定會再相遇，有些人則不會。但不管怎樣，如同佛陀所說，道上的旅程靠我們自己走，這完全操之在我們手中：我們是自己的導引，也是自己的保護者。因此在修行道上愼勿放逸！謝謝你們！

《大圓滿禪定休息論》

龍欽饒降巴

梵文：Mahasandhi dhyana vishranta nama

藏文：rdzogs pa chen po bsam gtan ngal gso zhes bya ba

英文：Finding Comfort and Ease in Meditation on the Great Perfection

禮讚具德普賢王如來

本性等空清淨界，

勝法不動極離戲；

光明心性菩提心，

敬禮體圓無變遷。

如來密意極稀有，
爲各自證智悟故，
攝集續論要門心，
演所行持須諦聽。

I.金剛理示修等持之所

山顚樹林海洲等，
四時處及相合處，
一心不動寂三昧，
修習光明離戲者。
處所人及行持法，
由三種性而成就。

出處寂靜而喜愉，
合諸四時之瑜伽。
夏季雪山山頂等，
竹木藤條草舍等，
清涼處舍內修習。

秋季林中山岩堡，
溫涼均勻屋及處，
隨合衣食與行動。

冬則林內岩洞等，
土屋低所溫地處，
隨合衣食與臥具。

春季山林海洲等，
隨順溫涼均勻屋，
衣食行動極勲合。

是故內外一緣起，
依悅如意寂靜處。
山巔心清而寬廣，
醒沉處所生起應。

雪山心清生起明，
修觀之處礙難少。

林中心住心性生，
修止之處最安樂。

山巖厭離無常勝，
清明力大止觀運，

河水岸畔心向短，
決出厭離能新生。

屍林力大速成就，
無論生圓勝吉祥。

城市空房孤樹等，
人及非人部多行，
初學散亂而障礙，
堅者能助讚爲勝。

廟宇梵塔魔王處，

心亂妄念瞋等生。

溝穴諸等女妖處，
沉掉太甚貪欲生。

孤樹等所空行女，
巖及山頭魔鬼處，
謂心擾亂緣礙多。

穢神惡龍地神處，
湖邊草地樹藥林，
適意花木莊嚴者，
初喜後即礙難多。

總言住屋初適意，
漸熟不喜悉地微。
初畏不喜漸熟喜，
力大速成無障難。
較此他平無損益。

是故依處內心變，
加行增減有兩種，
故說應懃觀處所。

復總四壇處分四：
息處於意頓然住，
增處意適有光耀，
懷處奪意得貪愛，

誅處心擾生怖畏。
分門無量而離邊，
此乃三昧靜勝處，
餘諸文繁不廣宣。

於彼息處禪定室，
寂靜持意建造合，
半方通光最吉祥。

夜間瑜伽黑圜室，
高處圜室內中相，
北方置枕涅槃寢。

白晝處顯瑜伽者，

雪山流水林等地，
屋視極明天界廣，
心清分明寒溫勻。

止時靜室牆圍繞，
心性自然生處祥。
觀時視線勲分明，
常常意樂與時合。

樹等低遮妙止處，
雪山高處觀慧處，
如是分別極勲知。

總之地方靜室者，

何處決出離心短，
三昧增長加行處，
依合眞實菩提處。
何處覆善煩惱長，
惑亂憒鬧今生轉，
惡業魔處善知捨。

此皆自然蓮師云，
欲求解脫等應知。

這是《大圓滿禪定休息論》第一篇的總結，金剛理示修行等持的處所。

II. 金剛理示修等持之人

第二修習之人者，
具信決出勤厭離。
厭離生死求解脫，
置令生心求菩提，
遠鬧散亂煩惱少。

淨顯誠信心量廣，
具堅恭敬彼諸眾，①
殊勝解脫令其成。②

① 根舍教授（H.V. Guenther）註解，bstan 這個字是「教法」之意，在《究竟清淨乘》原論和註釋中都有出現。但在這句中，龍欽巴用 brtan，意思是「堅固」、「穩定」，根舍教授在翻譯中融合了兩個意思。

② 此句在註釋中有，但在原論中沒有。

至上上師極令喜，
以聞思修調自心。
特於眞實口傳訣，
勤而續修若晝夜。

刹那亦不隨凡俗，
世夫勵行眞實義。
聲聞菩薩與持明，
三種律儀不違犯；
防禁自心成利他，
所現應變解脫道。

初學自利爲首修，
靜地守心離散鬧；

對治調染去惡緣，
見修不違處修法。
五毒自性所生者，
剎那正念而能獲，
不散而依於對治。

能知三業不放逸，
知羞有慚調自心。
毀譽破立稱與譏，
等同夢幻而無實。
谷響之名修隨忍。
斷我執心之根本。

凡諸所作不違法，

防禁自心不惱他。
剎那不隨於染汙，
晝夜行善極精勤。

末法時人多頑劣，
靜處精勤先自利。
如翼未豐不能翔，
證量不具難利他。
虔修自覺後覺他。

散亂憒鬧魔誘惑，
自心無惑勤修法。
莫到死時痛且悔！

故今觀心預稠繆，
試觀現死何攜去？
何往何變不得定，③
於此晝夜散亂擾，
暇圓無義而浪費。
唯一靜處觀眞義。
現今妙需終望處。
死後何往汝可知？
是故即今應精勤。
輪迴妄相如危途，
由此解法心記之。
今亂終究妄漂流。
是故生勤記於心。

③ 參考第十一章註①。

煩惱我執海難渡
今以暇圓船得渡。
若常能以福德力，
亦現解脱菩提道，
是時心勤修利樂。

命亦無常剎那變，
散亂妙惑善推諉。
惱亂相續習堅固，
煩惱染汙剎那生。
福德善等極難行。
除業風力應精勤。
輪迴處所無稍樂，

思三有苦不能忍，
解脱之法今當求。
若心不解眞實義，
逸豫修法無利益。
故當極生無常想，
剎那不亂勤修持。

如是於初了悟後，
迅速證得聖人果。
成就自利利他身，
解了輪迴無上道。
凡汝所做皆如法，
乃成菩提所依人。

這是《大圓滿禪定休息論》第二篇的總結，理示修行等持的人。

III.金剛理示修行等持之次第

第三受持法有三，
前行正行後次第。

前行

共通前行

無常厭離外前行，
能遣此生貪著底。
差別前行發悲心，
令行大乘諸道法。

是故初修二前行。

殊勝前行

其後殊勝之前行，
獲圓灌即生起二。

(1)情器現尊自身尊，
令遣凡夫之染著。

(2)由修深道師瑜伽，
無量加持現悲力，
二悉地成諸礙解，
故其後修二前行。

如是前行之四法：
無謬道中悟心性，
能得殊勝解脫道，
速生實性正行調，
而無礙難近悉地，
無量功德皆具足。
故極精勤修前行。

正行

正行自性或樂明，
及無念法示實性。
光明離戲之智慧，
乃現本元俱生者。

大樂修持法

第一指示大樂法，
如前前行觀之後。
三脈柱相四輪中，
右白左紅中藍孔。
上端梵穴下密處。

對臍中脈內阿（A）字，
燃火頂杭（Ham）流甘露。
四輪身內悉充滿，
樂所遍時心中謗（Bam）。

杭之甘露不斷流，
樂力未生中觀修。
復次謗亦漸細小，
無戲論中住三緣。
此法見性樂生止。
復次皆離言說心，
現如空境去染心。
即是空樂光大圓，
自性難思之法爾。

修此觀即力有四：
所顯一切皆樂現，
晝夜不能離樂境，

貪瞋痛苦心不現，
生解妙法文字慧。
復次再修眼及通，
心現如日無量德。
此乃甚深方便道。

明空修持法

第二指示明空法，
如前前行明三脈。
若（roma）蔣（kyangma）下屈入中脈，
觀其上端對鼻孔。
三吐濁氣消病障，
緩三吸氣世融光。
化光入鼻達若蔣，

至中脈內於心中。
寸光光圓相融入，
能若干時而定住。
上下閉口微放妙，
緩徐呼吸極精勤。
憶持諸佛等功德，
融入心中不他散。

此法心明住清澄。
復由新光現一光，
身內四輪燃燒時，
觀光外現遍世界。

數日晝夜唯觀此，

夢境息止見諸相，
如月燃火螢蟲星，
見五色光滿內外，
明境見性生妙止。

復次回復心之光，
漸小漸細住空寂。
空明淨心皆不緣，
現出自性無戲光。
此乃明空根本智，
安住自性大圓滿。

修此功用亦有四：
所顯淨空念通明，

晝夜住於光明境，
妄念不生心清明，
無礙般若離能所。

復如是修現功德，
斷障又能通他方，
成就天眼及神變，
此乃甚深精要道。

無念修持法

第三指示無念法，
前行如前而正行，
射持修法三次第。

射者心中心性明，
哈（Ha）或光團一寸許，
猛聲念哈二十一，
達頂遠離歸於空，
漸高漸散復不見，
鬆懈其境平等住。
剎那於彼斷念流，
即住於離言思境，
力亦不見心離境。

持者背向日月邊，
眼視清空頓然住，
不覺氣動皆緩息。
無念離戲由內現，

如晴空性自然生。

修者眼視空不散，
心住澄明不散亂，
山河大地諸情器，
觀想清澈融於空。
自身亦無粗現執，
心空住於無二別。
安住空境之身心，
內外中三無散法，
念思作意自融化，
心無聚散住本位。

彼時法爾難思心，

不別如空密意現，
此即三世佛心要。
如是觀修力有四：
所現平等無粗想，
晝夜不離無念境，
五毒自消心柔細，
體會諸法如虛空。
如是熟習三無念，
眼及神通三昧成，
止觀悲智能雙運，
圓滿自他究竟利。
第三之後法有四：

禪定助長證悟果。

禪定

二力無過如前示，
有過由各執著生，
貪樂貪明貪無念，
執邊妄想合毒染。

樂邪精漏唯貪欲，
心不適及沉最甚，
明邪氣粗唯瞋恚，
妄念粗想及掉舉，

歪曲無念因愚痴，
心沉昏眠及無想，
如是相合諸誤緣，
認識所生作對治。

助長

助長調懷及增上，
調治壞失有三種：
最上見治觀諸法，
心所安立如幻化，
體無實質遍如空，
離我所執自性空，
無有執著中任運。

染障之力現本性，
一切障難求化善，
逆緣悉成菩提伴，
體樂心安續不斷。

中修調治清朗起，
治心一處得正念，
安住喜樂明無念，
散不專注是爲過，
剎那不亂境中住。

於精漏者金剛瓶，
其內由吽（Hum）而燃火，
焚燒身內之諸大，

觀無餘狀即解除，
病障魔障依此要，
執樂須滅亦觀空。
深觀貪欲本體心，
安住當下無憂懼，
貪欲去現空樂智。

心不適乃明點過，
於此燃滴修樂定，
沉重清濁不分過，
復此身要端直坐。
合口持氣自心中。
由光充滿滿現有，
觀想空樂即解脫。

執明修習不執著，
冥盲昏沉觀清心，
掉舉合眼於心內，
觀光或字蓮花劍，
或觀十字金剛杵，
其線由心漸漸長，
徐徐下降金地基。
此法無誤除掉舉。

瞋恨掉散當下住，
空明鏡智中解脫。

無念境修不執要，

認知妄心諦觀照，
剎那自滅現界智。

昏沉即若無想者，
觀光由心升梵穴，
一弓空處懸掛住，
心定於此離作住，
此爲甚深方便法。

總之諸無執極要，
離彼憂懼障悉除，
空明心性清淨性，
離心形象無作意，
險道障礙定遠離。

下根調治其次第，
觀法物品緣起三。
總觀法者七支坐，
跏趺目定氣徐緩，
定印壓喉舌抵顎，
眼看鼻間心氣和，
心不沉掉無邪定，
過患皆因身不平，
干擾氣脈與明點。
平等安住無散亂，
氣脈明點起功德，
三者平衡作用均，
是故應勤悟此要。

運動調身與他同，
尤要細緩而均衡，
柔細而以粗者助，
粗以細住爲緊要，
依身結構精勤練。
別說樂者手抱肘，
目垂心持於樂要。
於明雙手置於膝，
息緩眼凝視天空，
七支坐法達無念。

物者合時處飲食，
伴等凡益道皆依。

緣起而於精漏者，
少女紡線三股咒，
繫於腰間護明點。
念馳檀香藏紅花，
酥油薰香成無念。
若有昏沉吞紅花，
冰片菩提心等丸，
成就三摩地本續。

助長樂明與無念，
集中心意於所緣，
起初不捨緣境修，
其後自然無所緣，

此乃無上甚深要，
諸應機等須靜持。
謂捨有相乃愚道，
應遣無覺受惡理。

大樂助緣無上者，
提下氣於密處要，
明點上提融入頂，
一切皆無緣境住。

其後上下合持氣，
意住於心無生境，
名住樂明離戲境。

中間動搖獅子力，
降提引散及任運，
運動所緣依傳行。
下降相合之手印，
搖動上身壓下身，
所緣由杭引菩提，
降密處時緣樂住。
提者則爲向上引，
雙手跨上海倚岩。④
提起下氣舌抵顎，
眼白上翻頭縮慄，
所緣明點如蛛絲，
收起相融合於頂。

又散布者動手足，
如張弓式舌抵齒，
撕聲吹氣而外出。
任運仰臥氣心徐，
一切無念皆不執，
自性離戲境中住，
無障大樂菩提成。

明者氣住其上法，
粗語細者相互助，
特於內外持相助，
緩細等要勤相合。

④這一段是進一步描述瑜伽姿勢，用的詞比較隱喻。例如，「海」是指腹部，「岩」是指背脊。

數及顏色觸形相，
益云學習諸種法，
此乃一成重要門，
如是學習調要王。

身調如前皆不動，⑤
氣由口鼻三徐放，
自然解脫境中鬆，
心要不執自性行。

其後仰臥伸手足，
厲聲念哈心觀空，
無散離合安祥住，

心息自解返自性，
無量功德生無礙。
身輕不動妄念息，⑥
心極清明現神通，
神足色潤生三昧，
氣入中脈相皆至。⑦
是身調要極秘密。

無念如空之助長，
身心鬆懈緣一境，

⑤這句話的註解和譯文有所不同，原作「身調如前眼不動」。
⑥註釋說呼吸的動作是極微細的，幾乎感覺不到。
⑦註釋說有十種相。

聚焦所緣不散亂，
諸念融入彼境中，
彼所依緣念亦息，
生起了悟不執境。
此法調要他同習，
時緣外執而吐氣，
外住若干生無念，
有時內住無上下，
唯一所依不散住。

時無所依心自在，
安住無執外境中。
此乃無念法身意，
依要自然由內現。

樂明無念總助者，
集資淨障修生圓，
上師瑜伽甚深道，
此乃究竟之要訣，
應機欲超虔受持。

證悟

如是所修現證悟，
遍滿一味無差異，
如三方來聚一處，
恰似諸河匯一海。

凡修樂明無念法，

心之凡情歸寂靜，
融入如空不生性，
遠離戲論菩提心，
淨光之日自內現，
頓成無修無遷證，
等空如來藏之性。

安住定海生淨觀，
是時澄明心清淨，
無偏無執緣無性，
悟諸法體而雙運，
顯現如幻空無執，
雙運不別意空廣，
由要內顯生淨光。

上師加持自然智，
離文言思時可見，
如是之時所見者，
無三時亦無內外，[8]
亦無分別與非別。

是名般若波羅蜜，
亦爲息苦中觀道，
降伏戲論大手印，
眞實法性大圓滿，
不生不滅之自性，

⑧原論為「內外」，但註釋為「前後」。

淨光生起自然智，
安立多名義一體。

法爾離思菩提心，
是爲輪涅不二空，
不執方分離宗綱，
絕念無二大等圓，
佛心離邊廣空中，
瑜伽行者當應知。

果

如是到頂果次第：
樂明無念今雙運，
眼及神通無量德，

究竟摩尼三身成，
自利利他二圓滿。

《大圓滿禪定修習論》第三篇結束，以上是金剛理示所修等持之次第。

迴向

如上理趣等持義，
深廣解說之功德，
得此無上二菩提，
願諸眾生皆滿願！

此乃佛子無垢光，
集自行要攝菁英，

爲諸後來清淨說，
妙造白頂雪山旁。

欲求解脫須精勤，
依此經論作行持，
二諦圓融利自他，
速登無上喜樂界！

《大圓滿禪定修習論》至此結束，爲瑜伽士無垢光於岡日托噶白頂雪山旁所作，爲烏地雅納的成就大師海生金剛的追隨者。

善哉！善哉！善哉！

【附錄】

歷史的觀點

從歷史與禪修的兩個面向，這是達賴喇嘛於二〇〇〇年九月在列繞法林首次的公開法會，非常殊勝。在達賴喇嘛抵達列繞法林前兩個禮拜，從尊勝寺來的喇嘛們先完成了普巴金剛長軌大法會和甘露法會，所修是根據《利刃精藏》金剛橛伏藏，是由伏藏師索甲列繞林巴所發掘。主持完最後一場長軌大法會後，第二天達賴喇嘛授予《利刃精藏》金剛橛伏藏灌頂。之後是達賴喇嘛說明這些法會的背景和意義，並簡述了這個伏藏的歷史、和達賴喇嘛的連結關係，以及長軌法會及甘露法會的利益。

九月十九日，對一千四百位信眾傳授普巴金剛灌頂，由楚璽仁波切領眾，包括喇嘛、格西、比丘、比丘尼，以來自全球本覺中心的修行者、歐洲其他佛學中心的成員、達賴喇嘛親近的隨員和一些西藏的激進份子。法會在一個大帳篷裡，佈置得像一座寺院，先前舉辦了普巴金剛長軌和甘露法會。整個氣氛遍滿著如達賴喇嘛所說這次法會是一次歷史性的連結，對於佛法的興盛、西藏人民、西藏政府和他自己的世壽都有密切關係。

達賴喇嘛

今天我們齊聚在列繞法林（索甲仁波切所建立）背後的目的，是爲了普巴金剛甚深伏藏的灌頂，而這是索甲列繞林巴所發掘的。這於長軌法會和甘露法會之後的長壽佛甘露法會時舉行。索甲仁波切和他的弟子請求我給予普巴金剛灌頂，因爲這是本覺會例修項目的一部分。我答應了他們的請求。

我接受，因爲你們大多數已經在佛教的修心上超越了一般的階段。因此，身爲佛教徒，我認爲在修心的基礎上有兩個面向：一個是中道甚深見，也就是中觀空性見，這對顯密兩教是共法；另外一個是慈悲的利他發心，我們在內心中誠摯的希望利益一切眾生。在這兩方面，知見與發心是最基本的。

傳承的歷史

我們知道本尊孺童金剛（Vajrakumara）或普巴金剛（Vajrakilaya），是「偉大殊勝者」，屬於壇城中五方佛的眷屬。普巴金剛主要是與業、行爲、家庭相關，能夠成就行者的究竟目標。在噶傑（Kagyé）咒輪、寧瑪派八大壇城中，普巴金剛也是事業的本尊。在金剛乘的不同時期，普巴金剛壇城被認爲是成就事業的力量，以及有改變不利環境和除障的能力，這是普巴金剛修法的特質。

今天我要傳的灌頂是普巴金剛的《利刃精藏》，由列繞林巴所發掘的《利刃精藏》金剛橛，他是我的前世十三世達賴喇嘛時代的一位偉大伏藏師，是伏藏的發掘者。事實上，列繞林巴和第十三世達賴喇嘛有很深厚的淵源。當這個伏藏被列繞林巴發覺以後，便預示了十三世達賴喇嘛是這個教法的「持有者」。持有者的任務是從掘藏者處接受教法，然後加以弘揚。這說明了爲什麼十三世達賴喇嘛要創作《利刃精藏》金剛橛的長軌法會儀軌指要，因此，十三世達賴喇嘛和伏藏師列繞林巴之間有很深厚的因緣。

直到今天，我個人寺院尊勝寺的喇嘛們每年都舉行了甘露法會和普巴金剛長傳儀軌法會，這已經成爲我們每年例修的一部分。這是因爲此普巴金剛伏藏與我有強烈的連結，以及列繞林巴並非單獨提供給達賴喇嘛，而是給整個達賴喇嘛的傳承，因此我們維持每年都要例修這個法。

當我在西藏時，偶爾參加這個形式的普巴金剛法會，但是很奇怪的，雖然當時我沒有接受灌頂和任何指導，或是個人有過修行，但我確實感覺到與這個修法有密切的連結。這持續引發我的好奇，即使是我在西藏的時候。

之後，流亡期間，當我試圖爲尊勝寺制訂一套修行儀軌，我感到《利刃精藏》金剛橛伏藏傳承需要列入年度的修行中，因此我把此視爲重要的事，要尋找灌頂、口傳和教法，這些我都還沒有接受過。我開始調查哪一位上師最適合傳授我這個《利刃精藏》金剛橛伏藏。

因爲這很重要，所以我問我的親教師，也就是許多人記得的林仁波切，他就像本初佛金剛持一樣。當我向這位偉大的上師解釋情況時，他對我說：「爲了這個教法和西藏人民的利益，達賴喇嘛的壽命要盡可能的長，在每一世的轉世中，他的事業也要盡可能的興盛，這很重要。如果你——做爲這一世達賴喇嘛的頭銜持有人，已經決定接受這個修法對你很重要，那麼你應該跟隨著這個推動力，堅持到底，因爲這顯示了其重要性和高度的意義。每一個關心你的人對於你尋找這些教法都不成問題，當他們了解到這些對你個人的重要，以及你個人的福祉對於佛法和西藏的影響。」

因此我把林仁波切的法語謹記在心，並開始尋找接受這些教法最適合的上師。最後我決定頂果欽哲仁波切是最具資格的，因爲他接受過最個人、最秘密本質的傳承，①而且因爲他身爲這個教法的上師和持有者的非凡特質。我請求他爲我灌頂和傳法，他做了。自從我接受眞實的傳法後，我就自己進行實修。

淨觀

因爲你們請求這個列繞林巴發掘的普巴金剛灌頂，我要求你們齊聚於此，對這個教法發堅定的虔敬心及三昧耶誓，要與它們建立深厚的連結。盡你所能，生起淨觀。爲了接受這個密乘教法，我們聽法時必須放下所有凡夫妄見的執著，並生起以本尊見認知諸法。我們形容這是佛知見的狀態，平常凡夫心看待事情的方式已不復作用。在這樣的狀況，我們在內心保持一種態度，即看待每一件事都是本尊的空性本質。如果我們還繼續用凡夫心，沒有放下凡夫的觀點和行爲模式，以這樣的觀點來接受教法，我覺得沒有任何作用。只要我們還是以凡夫見，我們將無法眞正接受到教法。

① 頂果欽哲仁波切從蔣揚欽哲確吉羅卓處接受傳法，蔣揚欽哲又從伏藏師索甲處得法。

當我們談到淨觀，意味著諸法自性本空，不論名義上是清淨還是不清淨。此處我所談到的空性是諸法的本質，不論它在相對層次上是清淨還是不清淨。像我們這樣的凡夫，是屬於知見不清淨的狀態，因爲我們的心沉陷在所知障和煩惱障之中。但假使我們是從心的本質上去思維諸法，是本來而且究竟清淨的——這個教法所指的就是自性清淨心，或是根本光明，從這個觀點，我們了解到可以體驗佛性四身的能力已經具足在我們內心中。

當我們知道這個重點，我們的知見便已經改變，我們了解到凡夫知見只是植基於現在的迷妄狀態，而不像它們看來是實有的。它們只是外來的、表面的，而自性清淨心——心的本質，是完全不受這些外來因素影響和染汙的。染汙與我們自心的本然狀態毫不相干，因爲那個自性不受任何外在的化現所染汙。以這樣的知見生起的自信，可以讓我們產生淨觀而非凡夫見，看待事物會以本尊的方式而不是凡夫的方式。這樣是很自發的方法。一旦我們以自心本質觀待事物，我們就會產生信心，意即我們的凡夫見停止了，這是當然之事。取而代之的是生起這種本尊見，從本來清淨的觀點看待事物。

在我們開始灌頂之前，我要強調，你們接受這個傳法，不要認爲坐在你面前傳授灌頂的上師是個普通人，而是你心中要認定這個金剛上師就是給予灌頂的壇城中央主尊，現在的灌頂就是普巴金剛。你必須生起虔敬和確信，金剛上師與本尊無二無別，這是你接受灌頂時應有的態度。

灌頂結行時，達賴喇嘛說：

現在我已經完成了普巴金剛灌頂，這個由列繞林巴所發掘的伏藏，由於我個人的熱望與發心，和這個法有甚深的因緣，你們已經接受了這個法的灌頂而被允許去實修了。我會鼓勵你們這樣做，用較長廣的儀軌或簡明儀軌，但每天練習，並學習如何把普巴金剛法的意義用在各個不同的層面。最重要的是，這種修法是要體會本覺與空性的雙運。這是修法最究竟的階段也是最重要的。但是連帶的有本尊的禪修和咒語，我想你們已經接受了灌頂，所以要維持規律性的修持、唸咒，並盡可能不間斷的禪修，不要讓它逐漸荒廢了。

如我之前所說，這個修法和佛法以及西藏有甚爲強烈的連結，因此當你們在修這個法時，我請求除了你們自己的祈請和迴向之外，主要應該爲藏傳佛教的教法和西藏國家的命運，此外還包括爲西藏人民的福祉和這些教法的弘揚祈請與迴向。

掘藏史

如同達賴喇嘛所解釋，《利刃精藏》金剛橛是列繞林巴發掘的伏藏。在寧瑪派傳統，這個教法有兩個傳承：經教長傳承、伏藏短傳承，是蓮花生大士所隱藏並由後世掘藏者，即蓮花生大士親近弟子的轉世所發掘出來。②伏藏師索甲列繞林巴（一八五六～一九二七）是那南多傑督炯的轉世，他是蓮花生大士的親近弟子之一，透過修行普巴金剛法而得成就，能像風一樣穿透空間，及穿越岩石而無阻礙。索甲是一位多產的伏藏師，他的掘藏多達二十卷。他是紐舒隆拓、蔣揚欽哲旺波、米龐仁波切、蔣貢康楚仁波切的弟子，並從涅喇貝瑪督篤和巴楚仁波切處接受教法。他的弟子包括十三世達賴喇嘛圖敦嘉措（一八七六～一九三三）、第三世多竹千晉美天佩尼瑪（一八六五～一九二六）、蔣揚欽哲確吉羅卓（一八九三～一九五九）。他所發掘的伏藏有五卷是關於普巴金剛的，其中的《利刃精藏》金剛橛伏藏是最有名的。

伏藏師索甲的傳記是由祖古楚洛所撰寫，描述他如何掘藏。一八九五年秋天，伏藏師索甲隨蔣貢康楚到沙札仁千札克，一個連結蔣貢康楚和究給德千林巴的遺址，藏東的二十五聖地之一，代表「覺悟智慧心」，在山坡上，伏藏師索甲來到「怖畏赫魯迦所喜悅之洞」，傳記中這樣敘述：

伏藏門的輪廓清晰的浮現在岩面上，當他看到時，很興奮的對它丟擲石頭。大地立刻震動了一下，並伴隨著一聲巨大的爆裂聲，好像整座山都沉落一般。岩石中裂開一條縫隙，一陣芳香的氣味湧出充滿於空中，伏藏師索甲把手伸進去並拿出了一個代表蓮花生大士的古查（kutsap）像，佛像以跨立姿態手持金剛杵和普巴杵。另外還有裝著《利刃精藏》金剛橛伏藏的匣子。他小心翼翼的用絲絹包好，以免被別人看見，把它裝在明妃所保管的伏藏箱中。在岩石中發掘的伏藏中裝滿著甘露，但他說那不是他應該拿的，所以原封不動。但他的明妃堅決的懇求他，爲避免她失望，他拿了一些甘露，嚐起來有解脫感，其他的則留在原處。他關上門並把門封好。接著蔣貢康楚仁波切也來到這裡，他們非常喜悅的做了一個薈供儀式，並以食子供養伏藏的護法，同時做了盛大的祈請與迴向，願法能利益一切眾生。

② 參看東杜仁波切《西藏的密法：藏傳寧瑪派的伏藏傳承》（*Hidden Teachings of Tibet: An Exploration of the Terma Tradition of the Nyingma School of Buddhiam*），參看安德里《西藏文學寶典》（Andreas Doctor, *Tibetan Treasure Literature*）。

與十三世和十四世達賴喇嘛的連結

一八九八年，伏藏師索甲旅遊到拉薩會見達賴喇嘛。他第一次與達賴喇嘛極為重要的會面是在十年前，據說「他們的智慧心瞬間合一」，依照涅沖神諭的諭示，伏藏師索甲對達賴喇嘛提供了完整的《利刃精藏》金剛橛的灌頂、傳法指要。

第二天早上，達賴喇嘛記起了前夜的清明夢，他發現自己在蓮花生大士的烏金淨土，遇到兩位天眾唱誦普巴金剛修法的諭示偈。他們告訴他，如果依《利刃精藏》金剛橛做一千次的薈供，貪瞋無明將會被去除，障礙會被克服並得到證悟。達賴喇嘛傳中有記載：「他醒過來，對這些話記得非常清楚。達賴喇嘛和列繞林巴互相印證其意義。當他完成一千次普巴金剛薈供儀式時，一切如諭示所言，這是正確應行的事。」

伏藏師索甲接著在布達拉宮為尊勝寺的喇嘛們舉行《利刃精藏》金剛橛的灌頂儀式，從那時起，尊勝寺就維持修這個法至今。一八九九年，普巴甘露法會成為年度祈願大法會的一部分，這是在拉薩舉辦的新年祈願大法會，整套儀軌流程雕刻在木板上。十三世達賴喇嘛安排了《利刃精藏》金剛橛作為修法，並製作了《自他兩利祈願寶藏》，尊勝寺喇嘛在列繞法林就是據此而修法。

如十四世達賴喇嘛所解釋，是由頂果欽哲仁波切傳這個法的灌頂給他。一九九〇年，欽哲仁波切在法國本覺會的結夏閉關期間說道：

在這個伏藏預示中有提到，這個教法的持有者是第十三世達賴喇嘛，也就是赤松德贊國王的轉世，因此伏藏師索甲把法傳給他，並成爲他主要的修法之一。透過它的加持和事業，噶當頗章（Ganden Phodrang）政府會進入一個穩定發展時期。伏藏師索甲的許多弟子會把這個儀軌當作主要的修法。十四世達賴喇嘛告訴我，這是他的主要修法之一。

列繞林巴有三個轉世，索甲仁波切是其中之一，另一位是堪布晉美彭措仁波切，他於一九九三年訪問列繞法林時說：

這個教法的傳承持有者主要是達賴喇嘛，他寫了一個長軌和祈請文以作爲布達拉宮的法會修法之用。十四世達賴喇嘛離開西藏後還不會修這個法，但是他已經重修了這個長軌，現在於達蘭莎拉都在修行。這必然是達賴喇嘛的主要修法之一，因爲當我於一九九〇年到達蘭沙拉時，他立刻說第二天要舉辦一個《利刃精藏》金剛橛的薈供。在法會中，當我看到達賴喇嘛是如何嫻熟一切的手印和修法的細節，我對我的弟子說，「雖然我們修這個法一輩子，但是我們還沒有像達賴喇嘛那麼熟練。」

尊勝寺與普巴長軌大法會

在列繞法林修普巴長軌法會和甘露法會的尊勝寺喇嘛們，總是在許多公開或私下的法會中，協助達賴喇嘛舉辦修法儀式，爲西藏人民的福祉祈願。由二世達賴喇嘛根敦嘉措（一四七六～一五四二）所成立的尊勝佛學院，名爲潘迪雷榭林（Phende Lekshé Ling），意即平靜與幸福的清淨地。到了五世達賴噶旺洛桑嘉措（一六一七～八二）遷到布達拉宮時，達到最卓越的地步。尊勝寺和十三世達賴喇嘛有了最密切的發展，到了十四世達賴喇嘛時關係仍持續。在流亡時期，尊勝寺在達蘭莎拉重建，就在達賴喇嘛的官邸旁，喇嘛們的日課由法王制定。他們在儀軌的修行上卓著，經常隨著達賴喇嘛到世界各地弘法，例如，他們隨達賴喇嘛在世界各地舉辦時輪金剛灌頂法會。

在達蘭莎拉，尊勝寺喇嘛們的《利刃精藏》金剛橛是接受卡盧仁波切的灌頂，他是蔣貢康楚的事業化身，最近幾年則是從楚璽仁波切處得到灌頂。每年藏曆的第二個月，尊勝寺會舉辦十天的《利刃精藏》金剛橛修法，列繞法林的法會則是在西藏和喜馬拉雅山區之外首次舉辦完整的長軌和甘露法會。

長軌法會的字意是「廣大的成就」，是一種集體共修的形式，強調法會的深度、力量和金剛乘的精確度，結合了所有的方便善巧——神秘的、儀式的、藝術的，此外還包括壇城的建造，完整儀軌修法結合觀想、手印、唱誦、音樂等，日夜持續的唸咒、以聖物和珍貴遺物製作食子和供品、薈供品，也有金剛舞，以及沙壇城的製作。這一切結合了創造了一個本尊和覺者的清淨國土，對於所有參與者而言，是對這個世界的淨觀，是一個淨土。據說參加這個長軌法會，其利益如同自己閉關幾年。當代的偉大上師們，如頂果欽哲仁波切鼓勵這個長軌的修法，因爲在此末法時期，其轉化的力量更大。

在抵達列繞法林的當天早晨，達賴喇嘛參加了長軌法會的結行。這個程序包括「接受悉地」，這是一種累積資糧的修法，並由達賴喇嘛供養甘露，是在甘露法會上準備好的供品。

甘露法會的意義和利益

在甘露法會時，會供養很多的甘露。梵文甘露（amrita）的意思是「不死」，藏文甘露（dütsi）據說是「克服對死亡恐懼的藥」。《秘輪密續》有詳細解釋：

輪迴就像是魔（dü），
當應用法的眞理，
就是服了不死藥（tsi），
稱作甘露（dütsi）。

甘露的療效和證悟橫豎三界，十三世達賴喇嘛寫道：「所有的成就，據說包括金剛不壞身的成就，都是來自於甘露的效果。」《甘露八冊》解釋：

治癒四百二十四種病，

摧毀四魔，
甘靈是無上藥王。

由「一百種主要的和一千種次要的成分」組成，列繞法林製作的五百斤甘露，包括訶子（arura）和其他可以想像得到的成份，以及全喜馬拉雅地區不同的上師和寺院提供的無數佛陀、成就者、聖者的聖物和珍貴材料。

甘露是能帶給參加者無數利益的儀式，也會帶給舉辦場所無上的加持力。蓮花生大士解釋：

供養諸佛聖甘露，
上師本尊萬靈丹，
是乃空行之心血，
若食功德不思議：
證得五方大覺位。

外相淨除身病魔，
內相清淨五毒惑，
所犯誓言皆清淨。
密相證得自成智。
聲聞緣覺若食彼，
故能證悟十地位，
成爲大乘摩訶薩。

若供上師得加持，
供奉本尊賜悉地，
供奉善逝予大悲，
供奉空行獲授記。

何者瑜伽若食彼，

外相遣除病障魔，
內相生次獲等持，
密相證得淨法身，
違犯誓言淨無餘。
佩帶回遮非時亡，
燻煙淨除中毒障，
塗身能遣諸病魔，
若撒驅擯諸病魔。

具此修持之聖地，
同於聖境八寒林，
一切勇士空行聚，
此地即成具加持，
風調雨順獲豐收，

若此修持之聖地，
何者居住現等持。

何日臨欲命終時，
取此神聖淨甘露，
賢劣男女皆無別，
證得持明之果位，
故謂聖妙之甘露。③

上面這些解釋，說明了在列繞法林舉行灌頂、長軌大法會、甘露法會的深刻意義。透過達賴喇嘛個人與此法的深刻關係，他串連並活化了列繞法林、十三世達賴喇嘛、尊聖寺、他自己、索甲仁波切、以及所有參與法會者的深厚連結。透過這個有力的修法，佛陀的加持力加持了西藏、西藏的人民、西藏的命運，以及佛教未來在歐洲和西方的繁盛。藉著在這個地方授與灌頂，達賴喇嘛也加持了未來的列繞法林寺。如其所然，達賴喇嘛的公開法會對本覺會是個額外的迴響，因為索甲仁波切開始在西方弘法，以及本覺會的工作正好滿二十五年。二〇〇〇年所舉辦的法會，對本覺會的歷史而言都是里程碑，對本覺會未來的努力也是難以忘懷的加持、啓發和鼓勵。

在《利刃精藏》金剛橛的長軌法會的結行，十三世達賴喇嘛做了如下的迴向：

透過此力量，
願佛陀珍貴的法教，
利益與快樂的根源，
普及三世一切時地，
遠離宗教主義偏見。

願支持教法者具壽。

③引述自十三世達賴喇嘛《論集》（*Collected Works*），有關《馬頭明王秘密咒輪》（*The Most Secret Cycle of the Mandala of Hayagriva*）以及醫藥儀軌，此是根據五世達賴的淨觀。

願除一切邪行惡因。
願吾等常享恆安樂。
願法門為凡聖道開。
願一切眾生皆滿願，
處處遍滿安樂法益！

參考書目

達賴喇嘛引述的著作

＊經典和密續

密集金剛本續
Guhyasamaja Tantra
Guhyasamajanamamahakalparaja
Gsang ba 'dus pa zhes bya ba brtag pa'i rgyal po chen po

喜金剛本續
Hevajra Tantra
Hevajratantraraja
Kye'i rdo rje zhes bya ba rgyud kyi rgyal po

時輪金剛密續
Kalachakra Tantra
Shrikalachakranamatantraraja
Dpal dus kyi 'khor lo'i rgyud kyi rgyal po

聲應成根本續
Reverberation of Sound Root Tantra
Sgra thal 'gyur rtsa ba'i rgyud

般若經
Sutra of the Wisdom of Passing Beyond
Atajñananama-sutra
'Phags pa 'da' ka ye shes kyi mdo

優波離所問經
Sutra Requested by Upali
Upalipariprccha-sutra
Nye bar 'khor gyis zhus pa'i mdo

八千頌般若經

Transcendent Wisdom in Eight Thousand Lines

Ashtasahasrikaprajñaparamitasutra

'Phags pa shes rab kyi pha rol tu phyin pa brgyad stong pa'i mdo

*論藏

提婆論師 **Aryadeva**

中觀四百頌

Four Hundred Verses on the Middle Way

Chatuhshatakashastrakarika

Bstan bcos bzhi brgya pa zhes bya ba'i tshig le'ur byas pa

無著菩薩 **Asanga**

菩薩地論

Bodhisattva Stages

Bodhisattvabhumi

Byang chub sems dpa'i sa

馬鳴菩薩 **Ashvaghosha**

敬師五十頌

Fifty Stanzas on the Guru

Gurupanchashika

Bla ma lnga bcu pa

月稱論師 **Chandrakirti**

入中論

Introduction to the Middle Way

Madhyamakavatara

Dbu ma la 'jug pa

淨名句論

Clear Words

Prasannapada

Dbu ma rtsa ba'i 'grel pa tshig gsal ba

法稱論師 **Dharmakirti**

釋量論

Commentary on "Valid Cognition"

Pramanavarttikakarika

Tshad ma rnam 'grel gyi tshig le'ur byas pa

彌勒菩薩 **Maitreya**

辨中邊論

Discriminating the Middle from the Extremes

Madhyantavibhanga

Dbus dang mtha' rnam par 'byed pa

大乘莊嚴經論

Ornament of the Mahayana Sutras

Mahayanasutralamkara

Theg chen mdo sde rgyan

現觀莊嚴論

Ornament of Clear Realization

Abhisamayalamkara

Mngon par rtogs pa'i rgyan

大乘最上要義論

Sublime Continuum of the Great Vehicle

Mahayana-uttaratantrashastra

Theg pa chen po rgyud bla ma'i bstan bcos

龍智菩薩 **Nagabodhi**

業行論

Analysis of Action

Karmantavibhanga

Las mtha' rnam 'byed

龍樹菩薩 **Nagarjuna**

中論

Fundamental Treatise on the Middle Way

Mulamadhyamakakarika

Dbu ma rtsa ba'i tshig le'ur byas pa

寶鬘論
Precious Garland
Ratnavali
Rin chen phreng ba

寂天菩薩　Shantideva
入菩薩行論
The way of the Bodhisattva
Bodhicharyavatara
Byang chub sems dpa'i spyod pa la 'jug pa

一切學處集要
Compendium of Training
Shikshasamucchaya
Bslab pa kun las btus pa

世親菩薩　Vasubandhu
俱舍論
Treasury of Knowledge
Abhidharmakoshakarika
Chos mngon pa'i mdzod kyi tshig le'ur byas pa

＊西藏著作

多竹千晉美天佩尼瑪　Dodrupchen, Jikmé Tenpé Nyima
依怙主大樂蓮師如意頌
Advice to Fulfill the Wishes of the Diligent Practitioner, the Lord of Yogins, Padma Mahasukha
Sgrub brtson rnal 'byor gyi dbang po padma maha sukha'i bzhed skong du gdams pa, rdo grub chen 'jigs med bstan pa'i nyi ma'i gsung 'bum, published by si khron mi rigs dpe skrun khang, 2003, vol. 2, pp. 15–16.

覺尊心髓
Vajra Mortar: Words of Advice
Gdams ngag rdo rje'i gtun khung, vol. 2, pp. 25–31.

寶藏心鑰：吉祥秘密藏續大綱
The key to the Precious Treasury: A Brief Overview of the Glorious Secret Essence Tantra
Dpal gsang ba'i snying po'i rgyud kyi spyi don nyung ngu'i ngag gis rnam par 'byed pa rin chen mdzod kyi lde mig, vol. 3, pp. 1–206.

五世達賴喇嘛　Great Fifth Dalai Lama
持明法語：大悲解脫生圓次第實修指南
Words of the Vidyadharas: An Instruction Manual on Generation, Completion and the Great Perfection for the Great Compassionate One, Liberation of Samsara into Basic Space
Thugs rje chen po 'khor ba dbyings sgrol gyi bskyed rdzogs rdzogs pa chen po'i khrid yig rigs 'dzin zhal lung, Collected Works, vol. nang ga, pp. 51–152.

蔣揚欽哲旺波　Jamyang Khyentse Wangpo
喜悅蓮師入門：最勝心髓意成就灌頂儀軌
Entranceway Delighting Padmasambhava: The Empowerment Ritual for the Mind Sadhana of the Union of All the Innermost Essences
Thugs sgrub yang snying kun 'dus kyi dbang chog padma dgyes pa'i 'jug ngogs. Collected Works of Jamyang Khyentse Wangpo, Gangtok 1977 edition, vol. 12, p. 503.

康祖諾桑嘉措　Khedrup Norzang Gyatso
莊嚴無垢光：時輪密續綜論
Ornament of Stainless Light: An Overview of the Kalachakra Tantra
Dus 'khor spyi don dri med 'od rgyan

龍欽饒降巴　Longchen Rabjam
三休息論：
The Trilogy of Finding Comfort and Ease (Ngal gso skor gsum):

大圓滿禪定休息論
Finding Comfort and Ease in Meditation on the Great Perfection
Rdzogs pa chen po bsam gtan ngal gso
From Rdzogs pa chen po ngal gso skor gsum dang rang grol skor gsum: a reproduction of the A-'dzom Xylographic Edition, Gangtok 1999, vol. 3, pp. 1–24.

大圓滿禪定休息清淨車疏
Chariot of Utter Purity: A Commentary on Finding Comfort and Ease in Meditation on the Great Perfection
Rdzogs pa chen po bsam gtan ngal gso'i 'grel pa shing rta rnam par dag pa
vol. 3, pp. 35–126.

三休息論概說
Ocean of Excellent Explanation: An Overview of the Trilogy of Comfort and Ease
Ngal gso skor gsum gyi spyi don legs bshad rgya mtsho
vol. 3, pp. 131–249.

七寶藏論：
The Seven Treasuries (Mdzod bdun):

勝乘寶藏論
Precious Treasury of Philosophical Tenets Clarifying the Meaning of All Vehicles
Theg pa mtha' dag gi don gsal bar byed pa grub pa'i mtha' rin po che'i mdzod

如意寶藏論
Precious Wish-Fulfilling Treasury, A Treatise of Pith Instructions on the Greater Vehicle
Theg pa chen po'i man ngag gi bstan bcos yid bzhin rin po che'i mdzod

白蓮花：如意寶藏論釋
White Lotus: A Commentary on the Precious Wish-Fulfilling Treasury, A Treatise of Pith Instructions on the Greater Vehicle
Theg pa chen po'i man ngag gi bstan bcos yid bzhin rin po che'i mdzod kyi 'grel pa pad ma dkar po

巴楚仁波切　**Patrul Rinpoche**
The Special Teaching of the Wise and Glorious King, with Its Commentary
Mkhas pa shri rgyal po'i khyad chos 'grel pa dang bcas pa
Collected Works, Dpal sprul o rgyan 'jigs med chos kyi dbang po'i gsung 'bum, published by Si khron mi rigs dpe skrun khang, 2003, vol. 4, pp. 737–54.

宗喀巴　**Tsongkhapa**
The Basic Path to Awakening
Byang chub gzhung lam

楚欽桑波　**Tsultrim Zangpo**
普賢智慧心莊嚴論：大圓滿淨光直指秘要
Ornament to the Wisdom Mind of Samantabhadra: A Secret Instruction Directly Revealing the View of the Clear Light Dzogpachenpo and Dispelling All Wrong Views
'Od gsal rdzogs pa chen po'i lta ba dmar 'byin gsang khrid log rtog kun sel kun bzang dgongs rgyan, Collected Works, vol. kha.

英文參考書目

＊達賴喇嘛的著作

破壞性情緒：與達賴喇嘛的科學對話（*Destructive Emotions, A Scientific Dialogue with His Holiness the Dalai Lama.*）Narrated by Daniel Goleman. New York: Bantam, 2003.

大圓滿（*Dzogchen: The Heart Essence of the Great Perfection.*）Translated by Geshe Thupten Jinpa and Richard Barron. Ithaca: Snow Lion, 2000.

達賴喇嘛談心經（*Essence of the Heart Sutra.*）Translated and edited by Geshe Thupten Jinpa. Boston: Wisdom, 2002.

點亮黑暗的火炬（*Flash of Lightning in the Dark of Night.*）Boston: Shambhala, 1994.

四諦（*The Four Noble Truths.*）Translated by Geshe Thupten Jinpa. Edited by Dominique Side. London: Thorsons, 1997.

在格魯和噶舉派傳統思想中的嗎哈姆德儀軌（*The Gelug/Kagyü Tradition of Mahamudra.*）Ithaca: Snow Lion, 1997.

時輪密續（The Kalachakra Tantra.）Boston: Wisdom, 1989.

慈悲與智見（Kindness, Clarity and Insight.）Translated and edited by Jeffrey Hopkins and Elizabeth Napper. Ithaca: Snow Lion, 1984.

抉擇未來（The Meaning of Life.）Translated and edited by Jeffrey Hopkins. Boston: Wisdom, 1992.

佛教的力量（The Power of Buddhism.）Dublin: Gill & Macmillan, 1996.

當光亮照破黑暗（Practicing Wisdom, The Perfection of Shantideva's Bodhisattva Way.）Translated and edited by Geshe Thupten Jinpa. Boston: Wisdom, 2005.

轉念（Transforming the Mind.）Translated by Geshe Thupten Jinpa. Eedited by Dominique Side. London: Thorsons, 2000.

相對世界的美麗（The Universe in a Single Atom.）New York: Morgan Road Books, 2005.

藏傳佛教世界（The World of Tibetan Buddhism.）Translated, edited, and annotated by Geshe Thupten Jinpa. Boston: Wisdom, 1995.

＊佛教與大圓滿的著作

格西索南仁千（Aryadeva）. 菩薩瑜伽行：提婆四百論釋（Yogic Deeds of the Bodhisattvas.）Gyel-tsap on Aryadeva's Four Hundred. Commentary by Geshe Sonam Rinchen. Translated and edited by Ruth Sonam. Ithaca: Snow Lion, 1994.

秋吉尼瑪仁波切（Chökyi Nyima Rinpoche and Erik Pema Kunsang）. 不爭的事實（Indisputable Truth.）Rangjung Yeshe, 1996.

科佐丹尼爾（Cozort, Daniel）. 無上瑜伽（Highest Yoga Tantra.）Ithaca: Snow Lion, 1986.

德松仁波切（Deshung Rinpoche）. 心靈知見的三個層次（*The Three Levels of Spiritual Perception.*）Translated by Jared Rhoton. Boston: Wisdom, 1995.

祖龐松寧仁波切（Drubwang Tsoknyi Rinpoche）. 無憂無慮的尊嚴（*Carefree Dignity.*）Compiled and translated by Erik Pema Kunsang and Marcia Binder Schmidt. Edited by Kerry Moran. Boudhanath: Rangjung Yeshe, 1998.

敦珠法王（Dudjom Rinpoche）. 藏傳佛教的寧瑪派（*The Nyingma School of Tibetan Buddhism.*）Translated and edited by Gyurme Dorje, with the collaboration of Matthew Kapstein. Boston: Wisdom, 1991.

傑佛瑞霍普金斯（Hopkins, Jeffrey）. 佛教徒的生活與解脫：龍樹的寶鬘論（*Buddhist Advice for Living and Liberation: Nagarjuna's Precious Garland.*）Ithaca: Snow Lion, 1998.

———. 觀修空性（*Meditation on Emptiness.*）Boston: Wisdom, 1983.

堪珠諾桑嘉措（Khedrup Norsang Gyatso）. 莊嚴無垢光：時輪密續釋論（*Ornament of Stainless Light: An Exposition of the Kalacakra Tantra.*）Translated by Gavin Kilty. Boston: Wisdom, 2004.

堪布噶旺帕桑（Khenpo Ngawang Palzang）. 上師言教（*A Guide to The Words of My Perfect Teacher.*）Translated under the auspices of Dipamkara, in collaboration with the Padmakara Translation Group. Boston: Shambhala, 2004.

龍欽巴（Longchen Rabjam）. 句義寶藏論（*The Precious Treasury of the Way of Abiding.*）Translated under the direction of H.E. Chagdud Tulku Rinpoche by Richard Barron (Chökyi Nyima). Edited by Padma Translation Committee. Junction City: Padma Publishing, 1998.

———. 法界寶藏論（*The Precious Treasury of the Basic Space of Phenomena & A Treasure Trove of Scriptural Transmission.*）Translated under the direction of H.E. Chagdud Tulku Rinpoche by Richard Barron (Chökyi Nyima). Edited by Padma Translation Committee. Junction City: Padma Publishing, 2001.

Longchenpa. 大圓滿虛幻休息論（*Kindly Bent to Ease Us,*）parts 1–3. Translated and annotated by Herbert V. Guenther. Berkeley: Dharma Publishing, 1975–76.

彌勒菩薩（Maitreya）. 寶性論（*Maitreya on Buddha Nature.*）A new translation of Asanga's Mahayana Uttara Tantra Sastra by Ken and Katia Holmes. Forres: Altea, 1999.

彌勒／無著（瑜伽行派）（Maitreyanatha/Aryasangha）. 大乘莊嚴經論（世親闡釋）（*The Universal Vehicle Discourse Literature Together with Its Commentary by Vasubandhu.*）New York: American Institute of Buddhist Studies, 2004.

密勒日巴（Milarepa）. 十萬道歌集（*The Hundred Thousand Songs of Milarepa.*）Translated and annotated by Garma C.C. Chang. Boston: Shambhala, 1999.

米龐仁波切（Mipham）. 定解寶燈（*Mipham's Beacon of Certainty.*）Translated by John Whitney Pettit. Boston: Wisdom, 1999.

龍樹菩薩（Nagarjuna）. 中論（*The Fundamental Wisdom of the Middle Way, Nagarjuna's Mulamadhyamakakarika.*）Translation and commentary by Jay L. Garfield. New York: Oxford University Press, 1995.

南開諾布仁波切（Namkhai Norbu. Dzogchen）. 本自圓滿的狀態（*The Self-Perfected State.*）Edited by Adriano Clemente. Translated from the Italian by John Shane. London: Arkana, 1989.

諾千孔瓊倫珠（Ngorchen Konchog Lhundrub）. 三觀莊嚴（*The Beautiful Ornament of the Three Visions.*）Translated by Lobsang Dagpa, Ngawang Samten Chophel, and Jared Rhoton. Singapore: Golden Vase, 1987; Ithacà: Snow Lion, 1991.

紐修堪布仁波切（Nyoshul Khenpo）. 藍寶石—大圓滿傳承持明源流（*A Marvelous Garland of Rare Gems, Biographies of Masters of Awareness in the Dzogchen Lineage.*）Junction City: Padma Publishing, 2005.

蓮花生大士（Padmasambhava）. 蓮師傳：蓮花生大士生平故事（*Advice from the Lotus Born.*）Translated by Erik Pema Kunsang. Boudhanath: Rangjung Yeshe, 1994.

巴楚仁波切（Patrul Rinpoche）. 證悟者的心要寶藏（*The Heart Treasure of the Enlightened Ones.*）Commentary by Dilgo Khyentse. Translated by the Padmakara Translation Group. Boston: Shambhala, 1992.

巴楚仁波切（Patrul Rinpoche）. 普賢上師言教（*The Words of My Perfect Teacher.*）Translated by the Padmakara Translation Group. Boston: Shambhala, 1998.

林谷祖古仁波切（Ringu Tulku）. 蔣貢康楚的利美哲學（*The Ri-mé Philosophy of Jamgön Kongtrul the Great.*）Boston: Shambhala, 2006.

寂天菩薩（Shantideva）. 入菩薩行論（*The Way of the Bodhisattva.*）Translated by the Padmakara Translation Group. Boston: Shambhala, 1997.

索甲仁波切（Sogyal Rinpoche）. 大圓滿與蓮花生大士（*Dzogchen and Padmasambhava.*）Santa Cruz: Rigpa, 1989.

——. 西藏生死書（*The Tibetan Book Living and Dying.*）San Francisco: Harper, 1992. Revised edition, San Francisco, Harper, 2002; London: Rider, 2002.

達波札西南嘉（Takpo Tashi Namgyal）. 大手印：心與禪修的本質（*Mahamudra: The Quintessence of Mind and Meditation.*）Translated and annotated by Lobsang P. Lhalungpa. Foreword by C. Trungpa. Delhi: Motilal Banarsidass, 1993.

舒曼（Thurman）. R.A.F. 西藏中觀哲學（*The Central Philosophy of Tibet: A Study and Translation of Jey Tsongkhapa's Essence of True Eloquence.*）Princeton: Princeton University Press, 1991.

澤利納索倫埵（Tsele Natsok Rangdrol）. 太陽的循環（*Circle of the Sun.*）Translated by Erik Pema Kunsang. Boudhanath: Rangjung Yeshe, 1990.

澤仁格西札喜（Tsering, Geshe Tashi）. 四聖諦（*The Four Noble Truths*.）Boston: Wisdom, 2005.

宗喀巴（Tsongkhapa）. 菩提道次第廣論（*Great Treatise on the Stages of the Path to Enlightenment*.）vols. 1–3. Translated by the Lamrim Cenmo Translation Committee. Ithaca: Snow Lion, vol. 1, 2000; vol. 2, 2004; vol. 3, 2002.

宗喀巴（Tsongkhapa）. 秋月的光輝（*The Splendor of an Autumn Moon*.）Translated by the Gavin Kilty. Boston: Wisdom, 2001.

祖古東杜仁波切（Tulku Thondup）. 佛心（*Buddha Mind*.）Ithaca: Snow Lion, 1989.

———. 大圓滿龍欽寧體傳承祖師傳（*Masters of Meditation and Miracles*.）Edited by Harold Talbott. Boston: Shambhala, 1996.

祖古烏金仁波切（Tulku Urgyen Rinpoche）. 如是（*As It Is*,）vols. 1 and 2. Translated by Erik Pema Kunsang. Boudhanath: Rangjung Yeshe, 1999 & 2000.

———. 彩虹寫意（*Rainbow Painting*.）Translated by Erik Pema Kunsang. Boudhanath: Rangjung Yeshe, 1995.

楊千噶旺洛竇（Yangchen Gawai Lodoe）. 龍樹密集金剛的根與道（*Paths and Grounds of Guhyasamaja According to Arya Nagarjuna*.）Dharamsala: Library of Tibetan Works and Archives, 1995.

詠給明就仁波切（Yongey Mingyur Rinpoche）. 世界上最快樂的人（*The Joy of Living: Unlocking the Secret and Science of Happiness*.）New York: Harmony Books, 2007.

善知識系列 JB0070

安住於清淨自性中

作　　者／達賴喇嘛
譯　　者／陳琴富
責任編輯／李玲
業　　務／顏宏紋

總 編 輯／張嘉芳
出　　版／橡樹林文化
城邦文化事業股份有限公司
台北市民生東路二段 141 號 5 樓
電話：(02)25007696　傳眞：(02)25001951
發　　行／英屬蓋曼群島商家庭傳媒股份有限公司城邦分公司
台北市民生東路二段 141 號 2 樓
客服服務專線：(02)25007718；(02)25001991
24 小時傳眞專線：(02)25001990；(02)25001991
服務時間：週一至週五上午 09:30 ～ 12:00；下午 1:30 ～ 17:00
劃撥帳號：19863813；戶名：書虫股份有限公司
讀者服務信箱：service@readingclub.com.tw
城邦讀書花園網址：www.cite.com.tw
香港發行所／城邦（香港）出版集團有限公司
香港灣仔駱克道 193 號東超商業中心 1 樓
電話：(852)25086231　傳眞：(852)25789337
E-mail：hkcite@biznetvigator.com
馬新發行所／城邦（馬新）出版集團【Cite(M) Sdn Bhd(458372 U)】
41, Jalan Radin Anum, Bandar Baru Sri Petaling,
57000 Kuala Lumpur, Malaysia.
電話：(603)90578822　傳眞：(603)90576622
E-mail：cite@cite.com.my

版面構成／歐陽碧智
封面設計／ Tommy
印　　刷／中原造像股份有限公司

初版一刷／ 2010 年 11 月
初版四刷／ 2018 年 03 月
ISBN ／ 978-986-120-424-6
定價／ 480 元

城邦讀書花園
www.cite.com.tw

國家圖書館出版品預行編目資料

安住於清淨自性中 / 達賴喇嘛著；陳琴富譯 . -- 初版 . -- 臺北市：橡樹林文化，城邦文化出版：家庭傳媒城邦分公司發行，2010.11

面； 公分 . --（善知識；JB0070）

譯自：Mind in comfort and ease : the vision of enlightenment in the great perfection : including Longchen Rabjam's Finding comfort and ease in meditation on the Great Perfection

ISBN 978-986-120-424-6（平裝）

1. 藏傳佛教 2. 佛教修持

226.965 99021405